Alexandra Brücher-Huberova

111 Geschäfte in München, die man erlebt haben muss

emons:

Ich danke meiner Familie.

Bibliografische Information der Deutschen Nationalbibliothek
Die Deutsche Nationalbibliothek verzeichnet diese Publikation in der Deutschen Nationalbibliografie; detaillierte bibliografische Daten sind im Internet über http://dnb.d-nb.de abrufbar.

FSC
www.fsc.org
MIX
Papier aus verantwortungsvollen Quellen
FSC® C010135

Gestaltung: TIZIAN Books, nach einem Konzept von Lübbeke | Naumann | Thoben
Kartografie: altancicek.design, www.altancicek.de
Kartenbasisinformationen aus Openstreetmap, © OpenStreetMap-Mitwirkende, ODbL
Druck und Bindung: B.O.S.S Druck und Medien GmbH, Goch
Printed in Germany 2013
ISBN 978-3-95451-204-1
Originalausgabe

Vorwort

Was Sie schon immer über München wissen wollten ... Meistens entdeckt man eine Stadt mit einem Reiseführer in der Hand und rennt von einem obligatorischen Must-see zum anderen und von einer Sehenswürdigkeit zur nächsten. Warum nicht einmal die bayerische Metropole anhand ihrer charmantesten und skurrilsten Läden entdecken? Im Gegensatz zum stummen Mahnmal begegnen Sie hier großartigen Menschen: Ur-Bayern, Ur-Münchnern, aber auch gewitzten Zugroasten, die ihr Leben im Laden verbringen und ihr Viertel wie ihre Westentasche kennen. Die aber oft auch ein besonderes Handwerk beherrschen – denn auch das ist für München typisch. Die großartige Vielfalt an Manufakturen, ehemaligen Hoflieferanten und erfinderischen Junglabels.

Bei der Recherche wurde mir aber auch bewusst, wie viele traditionelle Läden, denen die Münchner bis heute nachtrauern, vom Boden verschluckt worden sind. Besonders in der Innenstadt fällt dies auf. Keiner weiß, wie lange der eine oder andere Laden noch existieren darf. Der positive Effekt: Vielleicht blühen viele Stadtviertel so geradezu auf. Junge Leute verwirklichen dort die witzigsten Geschäftsideen und erwecken ausgestorbene Stadtteile zu neuem Leben.

Dieses Buch führt Sie in Viertel, die Sie sonst nie aufsuchen würden. In jedem dieser Läden stoßen Sie auf offene Türen und werden herzlich begrüßt.

Mein großer Dank gilt allen Ladenbesitzern, die mich bei diesem Projekt aufs Freundlichste empfangen und unterstützt haben, die mir viele aufregende Geschichten erzählten über sich und diese Stadt. Ohne sie und ihre spannenden Läden wäre München nicht das, was es ist: eine Metropole mit dem höchsten Lebenswert und vielen Überraschungen für Münchner und Nicht-Münchner.

Machen Sie sich auf den Weg. Und vergessen Sie nicht: Jeder Laden ist ein Kleinod.

111 Geschäfte

1 Alexa's

Von Petticoat bis Disco

Die Geschichte wiederholt sich: Jahrelang lag der gepunktete Tellerrock im Koffer, und kaum hat man ihn samt Petticoat weggegeben, sind schon wieder die Fifties angesagt. Ist doch wahr: Die Mode ist ein immerwährendes Karussell, und die Stile kehren alle paar Jahre wieder.

Wenn dann auch noch im wechselnden Rhythmus die Sixties-, Seventies-, Eighties-Partys angesagt sind, will man doch irgendwie mithalten können und dann am besten superoriginell aussehen – ohne dass dabei der Geldbeutel schrumpft.

Abhilfe schafft hier Alexa's, einer der ältesten Second-Hand-Läden in München, der sich auf Vintage spezialisiert hat, Mode von den 1950er bis zu den 1980er Jahren. Von Kopf bis Fuß kann man sich hier einkleiden, denn zu allem gibt es auch die passenden Schuhe und Accessoires. Nicht zufällig gilt der Laden in der Innenstadt als eine Institution für Liebhaber und Modefreaks. Alles Originale und Unikate. Egal ob No Name oder Pucci. Sogar die Filmausstatter schauen bei Alexa's immer wieder rein, und Petra Perle ist hier Stammgast.

Ein echtes Münchner Unikat ist auch die Ladenbesitzerin Alexa Schab, die alle Epochen miterlebt hat. Schon als junges Mädchen sammelte sie Kleider und wurde auf Flohmärkten fündig. Bis heute fährt sie zweimal im Jahr nach London auf Underground-Mode-Messen und hält Ausschau nach unwiderstehlichen Stücken. Natürlich geht sie auch mit Trends mit: In einem alten Bauernschrank hängen die verschiedensten Dirndlvariationen, meist aus dem Salzburger Raum und aus irren Materialien: Mohair, Brokat, Seide, preislich absolut erschwinglich. Manche ihrer Stücke haben musealen Wert und kosten dann entsprechend. Wer nicht so viel ausgeben möchte, aber trotzdem mal einen Abend »glamourn« will, kann sich ein komplettes Outfit ausleihen. Kein Platzmangel im Kleiderschrank und immer wieder verfügbar. Diese Geschichte wiederholt man doch gern.

Adresse Utzschneiderstraße 10, 80469 München (Ludwigs-/Isarvorstadt), Tel. 089/2604203, www.alexas.de, E-Mail: info@alexas.de | ÖPNV Tram 16, 18, Haltestelle Reichenbachplatz, U 1, 2, 7, Bus 132, Haltestelle Fraunhoferstraße | Öffnungszeiten Mo–Fr 13–19 Uhr, Sa 11–18 Uhr

2 Alpenkind

Wetterunabhängig

Ob Regen oder Schnee – in der Natur ist es am schönsten und in Bayern sowieso. Nur was tun, wenn uns das launische Wetter einen Streich spielt? Die Familie soll dann zu Hause bleiben? Das kommt für Alpenkind überhaupt nicht in die Tüte. Münchens erster und bis jetzt einziger Outdoor-Laden für Kinder verspricht, dass bei jedem Wetter die Füße warm bleiben und die Regenjacke dicht hält – und zwar speziell bei aktiven Wanderratten und kleinsten Kraxenmäusen.

Alpenkind kleidet Babys, Kleinkinder, Kinder und Jugendliche von Kopf bis Fuß trocken, atmungsaktiv, robust und möglichst schadstofffrei ein. Mit ihrer Philosophie »Umweltfreundlichkeit und Langlebigkeit mit Funktionalität zu paaren, ohne die Beweglichkeit einzuschränken«, wählt das engagierte Paar Corina und Saeed Pakdaman gezielt Marken aus, die in der Outdoor-Szene Pionierarbeit geleistet haben und die meiste Erfahrung auf diesem Gebiet mitbringen. Dazu zählen beispielsweise die norwegischen und schwedischen Firmen Bergans, Devold oder Isbjörn, die für hochwertige Oberbekleidung und Funktionswäsche stehen. Damit das Preis-Leistungs-Verhältnis stimmt, verzichten sie auf teure Werbung und produzieren in kleinen Auflagen. Stattdessen investieren sie in umweltschonende Materialien und Herstellung – überwiegend »made in Europe«.

Die Ladenbesitzer sind Eltern und leidenschaftliche Bergsteiger zugleich. Beide waren früher im medizinischen Bereich tätig und lassen ihre Erfahrungen in die Beratung einfließen. Sie wissen, wie man Kinder für Berge und Waldkindergarten nicht nur wetterfest, sondern auch bequem einkleidet. Zudem bieten sie ihren Kunden einen exklusiven Reparaturservice an und geben Tipps zum Umgang mit den Hightech-Materialien. Nur so überstehen die Sachen jegliche Strapazen und können weitervererbt werden. Ganz nach dem Motto: »Outdoor bedeutet die ganze Zeit draußen sein« – egal, ob es stürmt oder schneit.

Adresse Oberanger 40/42, 80331 München (Altstadt), Tel. 089/41872646, www.alpenkind-muenchen.de, E-Mail: info@alpenkind-muenchen.de | ÖPNV U 1, 2, 3, 6, 7, Tram 16, 17, 18, 27, 28, Bus 152, Haltestelle Sendlinger Tor | Öffnungszeiten Di–Fr 10–12.15 Uhr & 14–19 Uhr, Sa 10–16 Uhr

3 Antic & Deco Beschläge

Nach Schönem greifen

Sie sind der Schmuck eines Fensters oder einer Tür, und wir fassen sie tagtäglich an. Die Rede ist von Fenster-, Tür- und Möbelbeschlägen, dazu gehören auch Kommodengriffe oder Garderobenhaken. Sie verleihen Räumen Charme und Eleganz und spielen bei der Ausstattung von Häusern eine wichtige Rolle.

Wer sich von der industriell hergestellten Massenware abheben will und auf Qualität und Haltbarkeit setzt, der ist bei dem kleinen Münchner Familienbetrieb Antic & Deco Beschläge gut aufgehoben. Hier gibt es alte und nachgegossene Beschläge aller Art, für jeden, der seine frisch renovierte Altbauwohnung stilgerecht ausstatten will. Das Geschäft ist ein Museum: Rokoko, Barock, Bauhaus, Gründerzeit, Art déco – nahezu alle Stilepochen sind vertreten oder können nach Wunsch nachgebaut werden. Der Vorteil der Repliken besteht darin, dass sie genormt sind und überall hinpassen.

Natürlich hat diese Qualität ihren Preis, denn die Beschläge werden auf Bestellung in deutschen Gießereien im Sandgussverfahren nachgegossen. Meist wird Messing verwendet. Je höher der Kupferanteil, desto besser die Qualität. Außerdem wirkt dieses Material antibakteriell, so Genia Nachreiner, die Geschäftsführerin des Ladens. Sie, ihr Mann und ihre Schwester beraten die Kunden intensiv und kennen sich mit der Materie und den unterschiedlichen Herstellungsverfahren bestens aus. An die 4.000 Beschläge finden sich derzeit im Sortiment.

Natürlich gibt es auch Trends in dieser Branche. Zurzeit sind klassisch-schlichte silberfarbige Beschläge aus Nickel angesagt. Vorlieben gab es auch schon in früheren Zeiten. So finden sich in manchen Münchner Vierteln die gleichen Türbeschläge, die auf den Architekten deuten, der das Haus gebaut hat. Achten Sie doch auch einmal auf die Türen in der Münchner Staatsoper oder im letzten Kinofilm über Ludwig II. Auch hier hatten die Experten von Antic & Deco ihre Finger im Spiel.

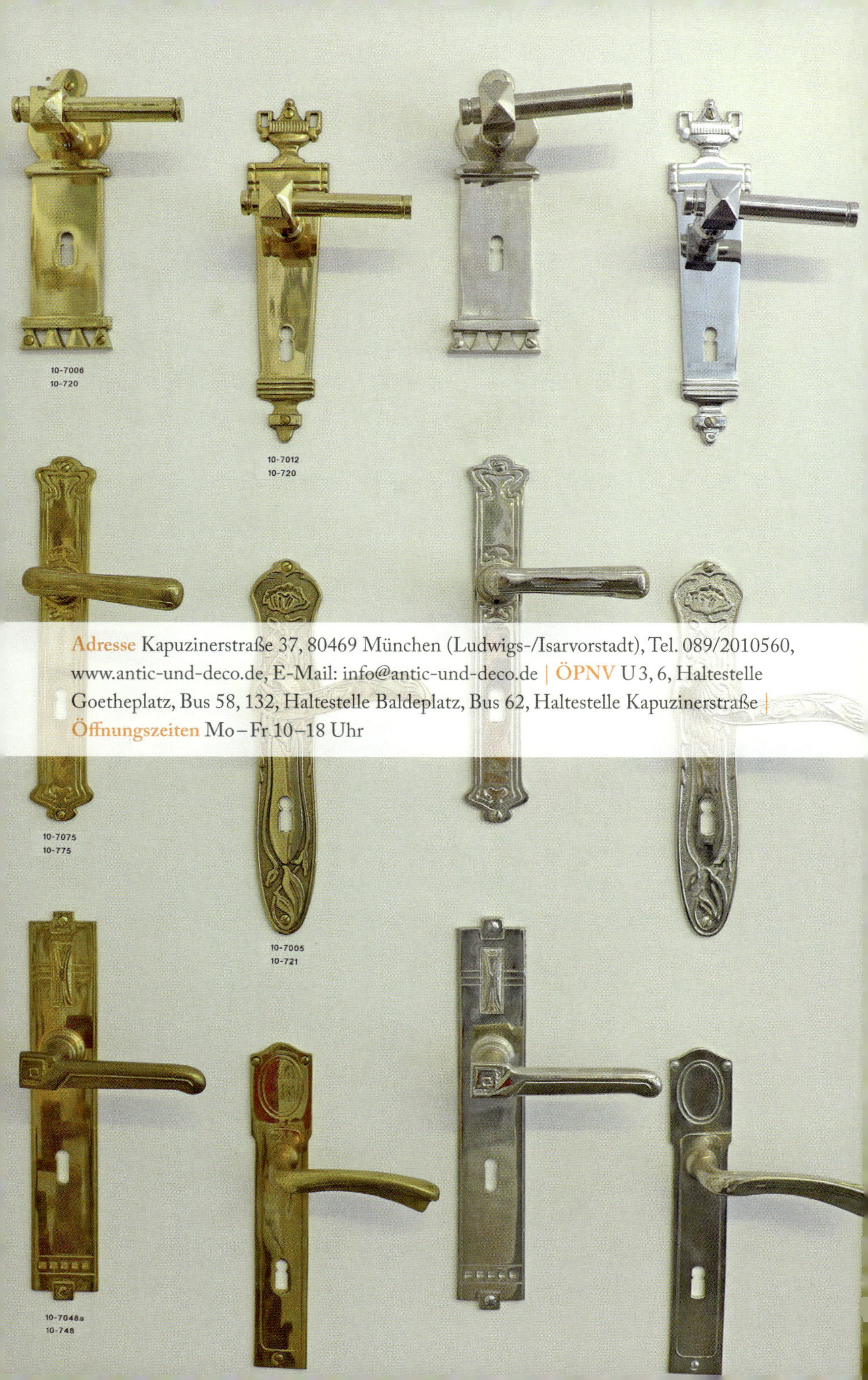

Adresse Kapuzinerstraße 37, 80469 München (Ludwigs-/Isarvorstadt), Tel. 089/2010560, www.antic-und-deco.de, E-Mail: info@antic-und-deco.de | **ÖPNV** U 3, 6, Haltestelle Goetheplatz, Bus 58, 132, Haltestelle Baldeplatz, Bus 62, Haltestelle Kapuzinerstraße | **Öffnungszeiten** Mo–Fr 10–18 Uhr

4 Antonetty Lederwerkstatt

Immer in bester Begleitung

So wie die Blätter im Wind. Inspiration holt sich die gelernte Schneidermeisterin, die das Lederhandwerk von der Pike auf erlernte, aus der Natur, aber »eigentlich ist alles Inspiration, über die Straße laufen, die zwei Robinien, die vor meiner Werkstatt stehen und deren Blätter im Wind changieren«. Kurzum: das ganze Leben. Dies spiegelt sich wiederum in ihren Schaufenstern: Taschen, Gürtel, Geldbeutel und Bekleidung von Caroline Antonetty stehen seit über 20 Jahren für Langlebigkeit und unnachahmlichen Stil.

Lebhaft geht es in der Ladenwerkstatt zu. Auf einem großen Arbeitstisch liegen Musterfächer, Lederstücke, Lineal, Schlageisen, Cutter… Daneben stehen Nähmaschinen. Dazwischen liegen in Regalen Rollen aus weichsten Ledern in den verschiedensten Farbvariationen. Nicht hinter den Kulissen, sondern mitten im Geschehen produziert und designt Antonetty mit ihrem Team nach Maß. Gerade den Entstehungsprozess und das »spielerische Zusammenspiel« liebt sie, designt und näht bis heute selber. »Dann sieht man mehr und entdeckt neue Ideen.«

Der Zauber liegt in den überraschenden Details. In ungewöhnlichen, aber stimmigen Proportionen, in mutigen Farbkombinationen und in der erstaunlichen Materialbeschaffenheit. Manchmal denkt man an optische Täuschungen und glaubt kaum, dass das alles aus Leder ist. Eine Tasche, leicht wie eine Feder, die sich wie aus Leinen anfühlt, changiert in Lila und Orange. Ein anschmiegsam weiches, gebatiktes Sommerkleid, das fließend fällt. Kein Stoff, kein Samt – alles Leder. An die 600 verschiedene Ledersorten umfasst die Auswahl von Kalbsleder, Lamm- oder Rentierleder. Egal, ob Kroko, schimmernd, langhaarig oder Neon. Das richtige Material zu finden, zählt zu den größten Herausforderungen. Aber genau all das macht die praktischen Taschen, robusten Geldbeutel, schnittigen Lederjacken, schönen Gürtel so unwiderstehlich. Lang lebe Antonetty.

Adresse Klenzestraße 56, 80469 München (Ludwigs-/Isarvorstadt), Tel. 089/269129, www.antonetty.de, E-Mail: lederwerkstatt@antonetty.de | **ÖPNV** U 1, 2, 7, Tram 16, 17, Bus 132, Haltestelle Fraunhoferstraße, Tram 16, 17, 18, Haltestelle Müllerstraße | **Öffnungszeiten** Di – Fr 11–19 Uhr, Sa 11–15 Uhr

5 Apartment … shop around the world

Kitsch as Kitsch can

Allein das ist ein aufregendes Spiel: die Herkunftsländer der Objekte zu erraten. Der Grund hierfür: Andrea Kronawitter, die Inhaberin, kauft hauptsächlich in Mexiko, Indien und Marokko ein. Inzwischen erhält sie ihre Ware von fast 60 Lieferanten. Die Namen der Lieferfirmen sagen Kennern alles: Rice, Sticky Jam, Kitsch Kitchen oder Logoshirt. Angefangen hat alles 1996, als Kronawitter bei einer Reise nach New York Dinge entdeckte, die es bei uns einfach noch nicht gab.

Wenngleich nur 50 Quadratmeter groß, verbirgt sich hier ein kleines Farbenwunder, ein schillerndes Sammelsurium von Gimmicks und Gadgets, eine Welt wie aus 1.000 Märchen; es dominiert die gepflegte Souveränität über jegliches dezente Geschmacksempfinden. Das Angebot umfasst viel scheinbar Triviales vom Typ klassischer Geschenkartikel, als da wären: Kaffeetassen, Postkarten, Uhren im Retrolook, Salzstreueresel, Nasenpappbecher, Entengießkannen, Ankleidepuppen, Wellensittichbuttons, hawaiianische Blumengirlanden, indische Mantramaschinen, Furzkissen, Soundmaschinen, »Asterix«-Schachbretter … Das alles ist knallbunt und macht gute Laune – weil man es nicht wirklich zum Überleben braucht. Dabei sind die Preise meist sehr moderat. Ständig zu beobachten: Fast jeder, der vielleicht nur zum Schnuppern gekommen ist, kauft dennoch etwas. Wer hier kein Geschenk findet: ein Fall von selber schuld. Vieles von dem, was es zu entdecken gibt, hätte man – manches vielleicht nur insgeheim – auch gern für sich selbst.

Das Apartment existiert nun bereits seit neun Jahren, was in unserer schnelllebigen Zeit nur bedeuten kann: Hier wird genau das Richtige angeboten. Das Erlebnis gleicht einer Reise rund um den Globus, zu spüren ist die Lebenslust der Menschen aus den jeweiligen Ländern. Es gibt Geschäfte, die vergisst man nie. Dieses ist so eines. Weil wir vielleicht gerade das so sehr brauchen, was niemand zu brauchen glaubt.

Adresse Barerstraße 49, 80799 München (Maxvorstadt), Tel. 089/4482440, www.apartment-shop.com, E-Mail: info@apartment-shop.com | **ÖPNV** U 3, 6, Haltestelle Universität, Tram 27, 28, Bus 154, Haltestelle Schellingstraße | **Öffnungszeiten** Mo–Fr 13–19 Uhr, Sa 11–15 Uhr

6 Ars Musica

Musikalische Saitensprünge

Schon das museumsreife, mit Musikinstrumenten gefüllte Schaufenster lässt erahnen: Ars musica ist kein gewöhnlicher Ort. Und siehe da, man glaubt seinen Augen, pardon, Ohren nicht, wenn man sich in dem einzigartigen Laden in Untersendling umschaut. Ein wahres »Instrumentarium« liegt jedem ansatzweise musikinteressierten Betrachter zu Füßen. Überall, wohin das Auge reicht: neue und historische Instrumente, die man bestimmt nicht alle Tage sieht. Und es wäre nicht verwunderlich, wenn hinter dem Regal ein Chinese mit dem Kontrabass rausspringen oder auf der Empore ein Walliser mit dem Alphorn ein Ständchen spielen würde. Und Karl Valentin hätte hier sicherlich eine singende Säge erworben – die gibt es wirklich.

Von A wie Akkordeon bis Z wie Zither. Egal ob Ukulele, Saxophon, Percussion, Klarinette, Harfe – es fehlt hier an nichts. 70 Prozent der Instrumente sind älteren Jahrgangs und haben zum Teil ihren Sammlerwert. Besonders beliebt sind die alten Höfner Gitarren und Bässe. Großinstrumente wie das Klavier sind hier aus Platzgründen nicht vorhanden.

Der Allrounder Roland Fritsch beschäftigt sich seit mehr als zehn Jahren mit Musik. Zu jedem Instrument, das er an- oder verkauft, kann er eine Geschichte erzählen. Schließlich wird er auch häufig nach dem Schätzwert gefragt. Seine Kundschaft kommt aus der ganzen Welt. Gleichzeitig bietet er einen professionellen Reparaturservice an und arbeitet mit ausgewählten Musikwerkstätten und -meistern zusammen.

Besonders am Herzen liegt ihm aber auch der Nachwuchs. Für Kinder oder junge Musiker gibt es neue Geigen in allerlei Größen zu kaufen oder zu mieten. Und wo viele Instrumente sind, sollte es nicht an Noten und Musikliteratur fehlen. Dieser Bedarf wird von zwei seiner KollegInnen gedeckt. Zudem hat Roland Fritsch noch einen Traum: ein interaktives Musikmuseum, hauptsächlich für musikbegeisterte Kinder.

Adresse Lindwurmstraße 201, 80337 München (Sendling), Tel. 089/57089730, www.ars-musica-musikladen.de, E-Mail: info@ars-musica-muenchen.de | ÖPNV U 3, 6, Haltestelle Implerstraße, Bus 132, Haltestelle Aberlestraße | Öffnungszeiten Di–Fr 10–19 Uhr, Sa 10–14 Uhr

7_Artisan 37

Das Spiel mit den Elementen

Sie wollen alles auf einmal? Wer nicht in vier verschiedene Läden laufen möchte, um individuelle Kleider, Schmuck, Lampen und Vasen zu finden, ist hier richtig. Bei Artisan 37 zeigen vier außergewöhnliche Frauen, was sie können:

Die mit dem Licht spielt: Anna Hössle setzt die Dinge ins richtige Licht. Ihre Lampen erinnern an Sonne, Mond, Ufos, Falter und schweben überall an der Decke. Alles ist aus feinstem Japanpapier handgefertigt. Die gelernte Buchbinderin kennt ihr Material gut und weiß ganz genau, welches Licht fließen wird. Eine Kunst für sich und atemberaubend schön.

Die Experimentelle: Sobald Elke Bauer ihre Vasen oder Schalen dem Feuer zum Glasurbrand übergeben hat, erwartet die Keramikerin eine schlaflose Nacht. Anders als beim Maler entscheidet am Schluss das Feuer, ob eine gelungene Verschmelzung von Ton und Glasur entsteht. Ihr Markenzeichen sind die fragilen Lochvasen oder die zweifarbigen hauchdünnen Schalen aus Porzellan. Präzises Arbeiten ist hier angesagt, denn »Porzellan hat ein Gedächtnis«. Jedes Stück ist ein Unikat.

Die mit dem Feuer spielt: Andrea Borst sitzt hinter einer Glasscheibe, wenn sie ihren filigranen Schmuck herstellt. Bei 900 Grad formt die Goldschmiedin das Glas und verleiht ihm vielfältige Formen. Ihre Ohrringe und Ketten erinnern an Seeanemonen oder Blumenwiesen. Bei ihrer Arbeit ist viel Geduld gefragt, denn das Glas muss langsam erhitzt werden, damit es nicht platzt. Die so entstehenden Perlchen und Blüten werden dann auf unterschiedliche Weise mit feinstem Stahlseil zu außergewöhnlichen Schmuckstücken verknüpft.

Die Kreative: Gaby C. Koch liebt das Zusammenspiel von Stoff und Schnitt, sucht und sammelt ungewöhnliche Stoffe, die sie dann zu elegantesten Kleidungsstücken näht. Raffiniert und schlicht sind ihre Unikate, individuell und unverwechselbar ihr Stil. Und: Sie ist die Gründerin von Artisan 37.

Willkommen bei den vier Elementen!

Adresse Pariser Straße 37, 81667 München (Haidhausen), Tel. 089/31982308, www.artisan37.de, E-Mail: kontakt@gaby-c-koch.de | **ÖPNV** S 1, 2, 3, 4, 6, 7, 8, 27, U 5, Tram 19, Bus 54, 55, 100, 145, 152, 155, 187, Haltestelle Ostbahnhof | **Öffnungszeiten** Mo–Fr 11–19 Uhr, Sa 11–16 Uhr

8 Art of Toys

Wo es rattert, hupt und dampft

Wer ein Stück seiner eigenen Kindheit verschenken möchte, ist bei Art of Toys bestens aufgehoben. Das Repertoire gibt sich breit gefächert: Cowboy- und Indianerfiguren, die aus der Zeit der Westernfilme stammen. Oldtimer zum Aufziehen aus den 1950ern, als sich das Automobil zum Statussymbol entwickelte. Geldzählende Blechsparbüchsen aus den 1930ern, wie es sie schon damals zum Weltspartag gab. Weltraumspielzeug, das pünktlich mit der Mondlandung auf den Markt kam. Zubehör zu alten Eisenbahnen – und vieles mehr.

Hier gibt es nur Spielzeug, mit dem unsere Eltern, Großeltern oder wir selbst als Kinder gespielt haben. Alles Originale, funktionsfähig und in bestem Zustand. Das sind die Auswahlkriterien, die das Ehepaar Astrid Bonenberger und Uwe Wulz für An- und Verkauf festgelegt haben. Beide sammeln seit ihrer Kindheit leidenschaftlich gern und haben 2010 ihr kleines Spielzeugimperium auf 15 Quadratmetern eröffnet.

Es war eher ein Zufall, der sie zu Ladenbesitzern machte: »Wir haben seinerzeit zufällig Vitrinen für die Sammlung von Astrids Engel-Devotionalien gesucht. Bei der Abholung sahen wir ein riesiges Regal mit altem Spielzeug. Rausgekommen sind wir mit 16 Umzugskisten voller Spielsachen.« Dann erst haben sie den passenden Laden dazu gesucht. Durch die abgelegene Lage können sie ihre Preise fair gestalten. Peu à peu sind sie in die Materie hineingewachsen. Uwe Wulz ist ursprünglich Künstler, versteht sich darauf, die alten Spielsachen zu restaurieren, und kann mittlerweile als wandelnde Enzyklopädie auf diesem Gebiet gelten.

Und wer glaubt, dass altes Spielzeug leiser und langweiliger ist als die modernen Plastikautomaten, der täuscht sich gewaltig. Zieht man die Schlagzeug spielende Ente, den Oldtimer »Smoking Billy« und den jonglierenden Affen auf, dann wird es laut und lustig: Es rattert, wackelt, hupt, leuchtet und dampft. Auch damals schon liebten es die Kinder laut und bunt, und daran hat sich bis heute nichts geändert.

Adresse Dachauer Straße 189, 80637 München (Moosach), Tel. 089/15927142, www.artoftoys.de, E-Mail: artoftoys@rocketmail.com | **ÖPNV** Tram 12, 20, 21, Bus 53, Haltestelle Leonrodplatz | **Öffnungszeiten** Mo – Fr 15 –19 Uhr und nach Vereinbarung

9 Best of Cashmere & Shoes

Herrlich weich und zart umgarnt

Wo gibt's denn so was? Ein Laden, in dem man als Endverbraucher bei der Gestaltung eines Kaschmirpullovers mitreden darf, indem man den gewünschten Farbton mitbestimmen kann? Dann noch die passenden Schuhe dazu? Bitte schön: Best of Cashmere & Shoes bietet diesen außergewöhnlichen Service an. Klar, ein bisschen Wartezeit gehört dazu, denn schließlich werden die Pullover für Diana Wohlfarth exklusiv und aus alter Freundschaft direkt in der Äußeren Mongolei bei einem Familienbetrieb mit eigenen Ziegenherden hergestellt. Eine Pulli-Skizze per E-Mail reicht, und einige Wochen später liegt das feine Stück auf dem Ladentisch. Weicher Kaschmir vom Feinsten, was man sofort beim Tragen spürt.

Vor etwa zehn Jahren begann Diana Wohlfarth in München, die Kaschmirfäden zu ziehen. Damals war das Edelgarn noch einzigartig. Bis heute hebt sie sich mit ihrem hochwertigen Sortiment von anderen Läden ab. Von der Verarbeitung der Wolle bis zur Färbung ist garantiert, dass die Ware fair hergestellt wird. Und, dass 100 Prozent Kaschmir drin sind. Ganz bewusst achtet sie auf nachhaltige Herstellung und hochwertige Qualität.

Die Modedesignerin hat ein absolutes Gespür für Farben. Sie liebt wilde Farbkombinationen, ohne dabei auf zeitlosen Stil zu verzichten. Ganz im Zeichen von Kaschmir, der Beständigkeit symbolisiert. Dazu bietet sie passende Schuhe an. Die ausgefallene spanische Marke »Chie Mihara« gab es zunächst nur bei ihr zu kaufen. Auch hier gibt sie bei der Farb- und Materialzusammenstellung den Ton an, verkauft Modelle, die sonst nirgends zu finden sind, und schaut, dass der Preis erschwinglich bleibt.

Bei Best of Cashmere & Shoes zahlt man nicht für die Marke, sondern für Qualität. Dafür hat man dann was fürs Leben. Natürlich bei der richtigen Pflege: Kaschmir darf in der Maschine im Wollwaschgang gereinigt werden und bleibt so fusselfrei. Flauschige Aussichten!

Adresse Franz-Joseph-Straße 44, 80801 München (Schwabing), Tel. 089/38899866 |
ÖPNV U 3, 6, Haltestelle Giselastraße, Tram 12, 27, Haltestelle Elisabethplatz |
Öffnungszeiten Mo 12–18 Uhr, Di–Fr 11–19 Uhr, Sa 11–16 Uhr

10 Das Blaue Tuch

Stoffe zum Verlieben

Zunächst eine gute Nachricht: Der Trend zum Selbermachen erlebt seit geraumer Zeit eine Renaissance. Nähkurse führen lange Wartelisten, und die Menschen sind verrückt nach kreativen Ideen. Fast jedes Stadtviertel in München beherbergt mittlerweile einen Laden für Stoffe. Doch wo kommen all die Materialien her?

Die Taschendesignerin Katja Marschner, die sich mit ihrem Label »can't go naked« einen Namen gemacht hatte, beobachtete die Entwicklung und ergänzte ihr Taschenangebot um ein vielfältiges Stoffsortiment. Das Besondere: Es sollte attraktiv und gleichzeitig nachhaltig für Mensch und Natur sein. In Haidhausen eröffnete sie Das Blaue Tuch, den ersten Laden für Stoffe in Bio-Qualität, die mit dem strengen GOTS-Siegel zertifiziert sind.

Und die Optik? Wie fühlen sich die Öko-Textilien an? Hier übertrifft Das Blaue Tuch jegliche Erwartungen. Für den Winter gibt es festere Stoffe wie Tweed, Cord, Twill, Ripp, Walk und Jeans. Im Sommer sind feines Leinen, zarte Viskose, elegante Seide angesagt. Die Lücke schließt sich mit anschmiegsamen Niki-, Plüsch-, Frotteestoffen, die sich besonders gut für Freizeit- und Kinderbekleidung eignen. Die Farben und Muster sind zum Verlieben: Pastelltöne, Petite Fleur, Matrosenstreifen – nicht zu knallig, sondern eher dezent, klassisch und fein. Für Katja Marschner ist wichtig, dass die Stoffe vielseitig einsetzbar sind, »schließlich sollte man sich am selbst genähten Kleid länger als nur eine Saison erfreuen«.

Die Auswahl wirkt wohl deshalb so harmonisch, weil sie »nicht tausende Stoffe anbietet, sondern versucht, ein Gesamtbild abzugeben, dass die Sachen kombinierbar und vielfältig sind«, so die junge Designerin, die ihre Kunden bestens berät und auch Tipps gibt, wo man sich ein Kleid nähen lassen kann, sofern man das nicht selbst beherrscht.

Die beste Nachricht zum Schluss: Die Qualität ist nicht viel teurer als konventionelle Stoffe.

Adresse Kirchenstraße 23, 81675 München (Haidhausen), Tel. 089/17959821, www.dasblauetuch.com, E-Mail: kontakt@bio-stoffe.com | ÖPNV U 4, Tram 15, 19, 25, Haltestelle Max-Weber-Platz, Tram 16, Haltestelle Wiener Platz | Öffnungszeiten Mo – Fr 9.30 – 18.30 Uhr

11 Boneless Skateshop

Abgefahrenes Spielzeug

Wussten Sie, dass München eine große Dichte an Skateparks und Bowl-Landschaften hat? Dass schon eine gewöhnliche Rampe oder Treppe reicht, um einen Heidenspaß zu haben? Jetzt fragen Sie sich, was kann man denn da tun, außer staunend zuzusehen, wie junge Skateboarder »cruisen«, »curven« oder im Affenzahn »Downhill« rollen?

Auf ein Longboard steigen und es ausprobieren! Longboards, das sind komfortablere Skateboards. Das bedeutet, man muss keine komplizierten Techniken beherrschen, sondern sollte nur ein bisschen experimentierfreudig sein. Zudem bieten Longboards im Sommer die ideale Alternative zum Skifahren und Snowboarden. Was dem Skifahrer also die Carving-Ski, das dem Skater das Longboard. Darum ist ein passendes Brett für die unterschiedlichen Vorlieben die Voraussetzung.

Boneless bietet die größte Auswahl an. Gemäß ihrer Philosophie, keine Komplettbretter zu verkaufen, schrauben sie aus Einzelteilen – Brett, Achsen, Rollen, Kugellager – ein Longboard nach Maß. Wenn man es besteigt, ist es wie auf einem Kunstwerk zu rollen. Es gibt eine breite Palette an Gestaltungsmöglichkeiten. Das Design reicht von wilden Motiven von Streetart- und Graffitikünstlern bis zu edlen Brettern aus Walnuss-, Mahagoni-, Tepal- oder Bambusholz. Vertreten sind nur hochwertige Hersteller aus Deutschland und der Schweiz, aber auch aus Kanada und den USA.

Veronika und Andreas Gniadek sind schon seit fast 20 Jahren in der Szene. Er liebt das rasante Downhillabfahren, sie zieht den Slalom vor. Vor gut sieben Jahren haben sie ihren Laden eröffnet und füllten damit die damalige Marktlücke an Longboards in München. Ihr Laden ist ein Treffpunkt der Skaterszene und für alle, die sich einmal anders auf der Straße fortbewegen möchten. Aber fahren Sie vorsichtig. Rein rechtlich ist das Longboard ein Spielzeug und wird auf der Straße geduldet. Gute Fahrt!

Adresse Herzogspitalstraße 7, 80331 München (Altstadt), Tel. 089/97348302, www.boneless-muenchen.de, E-Mail: longboards@boneless-muenchen.de | ÖPNV S 1, 2, 3, 4, 6, 7, 8, U 4, 5, Tram 16, 17, 18, 20, 21, 27, 28, Haltestelle Stachus | Öffnungszeiten Mo–Fr 11–19 Uhr, Sa 10–19 Uhr

12 Brauseschwein

Spiel, Spaß und Süßes

Wo finde ich einen Furzschleim, Hexennasen, Hüpfknete und andere lustige Sachen? Im Brauseschwein. Wo kann ich mir eine Guttikette, bezaubernde Libellenhaarspangen, ein süßes Stofftier oder ein Miniklavier aussuchen? Im Brauseschwein. Wo gibt es die leckersten Brausekugeln, Colakracher, Schleckmuscheln und Lollis für sechs Cent? Im Brauseschwein.

Im Brauseschwein gibt es alles, was Kinderherz, Kindergaumen und Kinderaugen begehren. Dort kann man stundenlang abtauchen, um in den alten Küchenregalen zu stöbern, mit einer vollen Tüte – »Ach, ich wollte nur was für meine Freundin kaufen« – den Laden verlassen und am nächsten Tag wiederkommen, weil man doch noch etwas vergessen hatte. Brauseschwein garantiert »Spiel, Spaß und Süßes« – so steht es in Handschrift an die Wand des ehemaligen Gemüsehäuschens in Neuhausen geschrieben.

Das Häuschen zieht den Betrachter magisch an. Auf dem Dach hüpft freudig eine Schweinsfigur. Hinter dem Tresen – ein alter farbiger Karussellwagen aus der Jahrhundertwende – steht die Besitzerin Waki Pfitzer-Reiner und hält mit den Kindern und ihren Eltern ein Schwätzchen. Vor ungefähr elf Jahren war der dreifachen Mutter die Idee gekommen, ein Kindergeschäft zu gründen, in dem Kinder Spielsachen finden, die »nicht unbedingt pädagogisch wertvoll sind«, die aber Spaß machen und nicht zu teuer sind.

Die gelernte Schneiderin, die ein Faible für schöne Gestaltung hat, sucht ihre Ware nach persönlichem Gefallen aus. Ihre Sachen sind »schön, antidepressiv, weil sie sinnfrei sind«, und sie sollen »Glück und Vergnügen« bereiten. Glücklich macht dieser Laden allemal, weil man dort wirklich alles findet, auch Dinge, nach denen man nie gesucht hat. Nur eines ist tabu: lizenzierte Mainstreamware und Merchandising-Produkte.

Welche wichtigste Voraussetzung muss man mitbringen, um bei Brauseschwein mitarbeiten zu dürfen? »Man muss zu Kindern nett sein.«

Adresse Frundsbergstraße 52, 80637 München (Neuhausen), Tel. 089/13958112, www.brauseschwein.de, E-Mail: info@brauseschwein.de | ÖPNV U 1, 7, Tram 12, Bus 53, 62, 133, Haltestelle Rotkreuzplatz | Öffnungszeiten Di–Fr 10–13 Uhr & 15–18.30 Uhr, Sa 11–14 Uhr

13 La Bretagne

Picasso und das Meer

Leger-chic! Picasso trug sie, als wären sie seine zweite Haut. Coco Chanel etablierte sie in der Haute Couture und machte sie später auch für Damen salonfähig. Brigitte Bardot bleibt darin unvergesslich schön, und Jean Paul Gaultier verleiht der Marinière bis heute mit seinen Kollektionen immer wieder ein neues Gesicht. Mitte des 19. Jahrhunderts, so heißt es, wurde das gestreifte Shirt Bestandteil der bretonischen Marine-Uniform. Das Original-Shirt hatte 21 blaue Streifen, die die Matrosen bei Wind und Wetter besser sichtbar machten.

Entrée! Gewissen Kultcharakter hat auch La Bretagne in Schwabing. Immer wieder sparen Schüler ihr Geld, um sich eine Marinière zu leisten. Liebhaber der bretonischen Küste schnuppern hier regelmäßig Meeresluft. Segelbegeisterte suchen nach ausgefallenem Outfit. Très jolie. Die in Blau gestrichenen Regale erinnern an die bretonischen Fischerdörfer, die Farbenvielfalt der Streifen spiegelt die Farbintensität der Küste. Darin stapeln sich die Damen-, Kinder- und Herrenkollektion von Marinières und Fischerpullis – »pull marin« – mit drei seitlichen Kragenknöpfen aus der griffigen, engmaschigen Wolle. Seit gut 35 Jahren blieb das Geschäft quasi unverändert. Nur die Vielfalt an Streifen- und Schnittvariationen wächst. Die Auswahl an Shirts, Caban-Mänteln, Pullovern, Hosen, Kleidern von Armor Lux und Saint James ist in München unerreicht. Kaum zu glauben ist auch, dass diese alteingesessenen Firmen bis dato fast ausschließlich in Saint James und Quimper nahe der Küste ihre hochwertige Ware fair produzieren.

Die charmante *propriétaire*, Daniela Fersch, ist eine echte Schwabingerin, die ihre Liebe zu Frankreich schon früh entdeckt hatte. Ihr Laden ist einfach nur sympathisch und unprätentiös – genau das Gegenteil der chicen Haut Couture. Viele schätzen die lockere Atmosphäre. Schade, dass Picasso nicht mehr vorbeischauen kann.

Adresse Kaiserstraße 37, 80801 München (Schwabing), Tel. 089/348613, www.la-bretagne-muenchen.de, E-Mail: salut@la-bretagne-muenchen.de | **ÖPNV** U 3, 6, Tram 23, Bus 54, 142, 144, Haltestelle Münchner Freiheit, Tram 12, 27, 28, Bus 53, 144, Haltestelle Kurfürstenplatz | **Öffnungszeiten** Mo – Fr 10.30 – 19 Uhr, Sa 10.30 – 14 Uhr

14 Britta Peters

Aber kein Kitsch

Zwei strahlende Fixsterne sind es, an denen sich Britta Peters orientiert: London und Paris. Kein Wunder: London ist ihre zweite Heimat, wie sie mit leuchtenden Augen gesteht, und sie ist fasziniert von den unterschiedlichsten Kulturen und Menschen. Daher ist ihr Unternehmen aus dem kaufkräftigen Bogenhausen kürzlich bewusst ins multikulturelle Glockenbachviertel umgezogen. »Britta Peters« steht dafür, dass sie nur das verkauft, was sie aus dem Bauch heraus und intuitiv fasziniert, nichts ist hier von der Stange. In ihrem eleganten Kultladen mit dem gewissen Etwas berät sie Individualisten stilsicher und mit viel Liebe zum Detail in Sachen Mode, Möbel, Accessoires. Sie versteht sich nicht als Wohnberaterin, sondern als »Stilistin«.

Ob es sich um elegante Retromöbel im Stil der 1940er und 1950er Jahre, afrikanisch anmutende Lampen, Strickjacken von Mes Demoiselles, Schuhe von Henry Cuir, Taschen von Jamin Puech, Porzellan aus Limoges oder die zauberhaften Kreationen des in London arbeitenden Glasbläsers Michael Ruh handelt: Ihre Philosophie ist es, »die Seele sichtbar zu machen – das ist das Geheimnis der schönen Dinge, mit denen man sich umgibt«. Trends: ja – aber keine militante Hörigkeit; Nostalgie: ja – aber kein Kitsch; Kultur: ja – also echtes Leder und natürliche Wolle. Ein funkelnder Stern ist ihr neulich in den Schoß gefallen: die Holzwerkstatt von Andrea Brugi in der Toskana. Seine einzigartig gemaserten Olivenholzbretter und Holzgefäße verkörpern für Britta Peters, was ihr am Herzen liegt: Einfachheit, Nachhaltigkeit, Wertigkeit und eine neue elegante Moderne im Handwerk.

Die wertvollsten Erfahrungen bringen für sie Reisen und Menschen. Während ihre beiden Mitarbeiterinnen im Laden beraten, macht sich Britta Peters bald wieder auf den Weg nach Istanbul, Kopenhagen, Sri Lanka oder Marseille, um für ihre Kunden neue Sterne vom Himmel zu pflücken.

Adresse Ickstattstraße 2, 80469 München (Ludwigs-/Isarvorstadt), Tel. 089/41559775, www.britta-peters.de, E-Mail: info@britta-peters.de | ÖPNV U 1, 2, Haltestelle Fraunhoferstraße, Tram 16, 17, 18, Haltestelle Müllerstraße, U 3, 6, 7, Tram 27, 28, Bus 62, Haltestelle Sendlinger Tor | Öffnungszeiten Mi – Fr 11–19 Uhr, Sa 11–16 Uhr

15 Buch & Box

Aus Papier erschaffen, von Hand gebunden

In Sendling treffen ländlicher Charme, Multikulti und buntes Künstlertreiben aufeinander. So ist es kein Zufall, dass gerade dieser Laden hier seine Wurzeln geschlagen hat. Zwar ist die Buchbinderei ein seltener Beruf geworden, die Buchbinder jedoch, die es noch gibt, beherrschen das alte Handwerk meisterlich und zeigen, dass ein echtes Buch ein wahres Kunstwerk ist. Individuell gestaltet und hochwertig verarbeitet – Luxus zum Durchblättern. Auch bei Barbara Hagenlocher stehen eine alte Buchpresse, eine Heftlade, Lettern zum Prägen und eine Schneidemaschine. Keine Deko, sondern Arbeitsgeräte: Hier wird mit der Hand gearbeitet.

Die Buchbinderei jedoch umfasst weit mehr als das Büchermachen. Alles, was man aus Papier binden kann – Karten, Schachteln, Hefte – gehört dazu. So hat sich die Buchbinderin immer mehr auf schöne Papeterie spezialisiert. Allein ihre Auswahl an unterschiedlichsten Papieren macht Lust auf ein schönes Fotoalbum oder ein hübsches Tagebuch. Egal, ob Carta Varese aus Italien, Chiyogami aus Japan oder Lokta aus Nepal – eines ist schöner als das andere. Das Chiyogami stammt direkt von kleinen japanischen Manufakturen. Fasst man es an, spürt man eine Struktur, die im aufwendigen Handsiebdruckverfahren entstanden ist. »Die Muster wurden ursprünglich auf Kimonos gedruckt und dann fürs Papier hergenommen.« Zurzeit sind fliegende Kraniche auf dunkelblauem Hintergrund als Muster angesagt. Die italienischen Papierbögen bestechen mit floral-dezenten Farben und bleiben damit einladend klassisch.

Grenzen kennen die Gestaltungsmöglichkeiten aus Papier nicht. Sehr oft bringt der Kunde eine Idee mit, Barbara Hagenlocher setzt sie mit ihm gemeinsam um. Zum Sortiment zählen auch Schachteln und Dosen, CD-Hüllen, Stiftboxen. Adress-, Gäste- und Kochbücher bekommen durch die schöne Verarbeitung gleich eine andere Anmutung. Kleinigkeiten, die uns den Alltag verschönern. Das Leben zum Durchblättern.

Adresse Aberlestraße 14, 81371 München (Sendling), Tel. 089/72997054, www.buchundbox.de, E-Mail: b.hagenlocher@buchundbox.de | **ÖPNV** U 3, 6, Bus 131, Haltestelle Implerstraße, Bus 132, Haltestelle Aberlestraße | **Öffnungszeiten** Di–Fr 14.30–18.30 Uhr, Sa 10–13 Uhr

16 Café in der Glyptothek

Auf einen Espresso mit Herakles

Wie geht das zusammen? Den besten und saftigsten Mohngugelhupf der bayerischen Metropole gibt es in Isar-Athen im charmanten Innenhof. Serviert wird er zwischen Bogenschützen und kämpferischen Trojanern in einem Café, das in seinem musealen Versteck schon seit fast 15 Jahren als Geheimtipp gilt. Einmal wegen des einzigartigen Ambientes und Charmes. Im Sommer lädt der antike Innenhof geradezu zu einem Cappuccino und einem Stück Engadiner Nusstorte ein. Im Winter ist es auf den weißen Regiestühlen am gemütlichsten. Selbstverständlich mit Blick auf die kriegerischen Giebelskulpturen des Aphaia-Tempels von Ägina. Zum anderen aber auch wegen der so köstlichen Auswahl an Kuchen und italienischen Snacks.

Mit dem Betreiber Christoph Jünger hat das kleine Café inzwischen Kultstatus erlangt. Der damalige Kunstakademiestudent, dem zuvor schon das ehemalige legendäre Café im Lenbachhaus zu verdanken gewesen war, stellte eine ordentliche italienische Espressomaschine hinein und dazu Alfonsina, die mit italienischer Bescheidenheit den besten Cappuccino zubereitete.

Und was hat es mit dem Mythos Gugelhupf auf sich? Das Originalrezept stammt von einer Wiener Bäckerin, die die Mohnköstlichkeit eigenhändig produzierte, bevor sie dann verschollen ist. Das Rezept hütet nun die Bäckerei Ainmiller, die nach wie vor den legendären Gugelhupf herstellt und damit lediglich dieses Café und das Café Clara beliefert.

Wer einmal hier war, kehrt immer wieder gern zu den Göttern und Trojanern zurück. Mit der weltweit einzigartigen Café-Karte kann man jederzeit das Café besuchen, ohne Museumseintritt zahlen zu müssen. Die strengen Museumswächter im Eingangsbereich beäugen jeden Irdischen freundlich und kritisch. Ein Plausch mit ihnen ist obligatorisch. Dass ein standesgemäßer Besuch der Glyptothek sowieso Pflicht ist, versteht sich von selbst. Erst danach weiß man diesen Ort voll zu würdigen und kann den göttlichen Gugelhupf richtig genießen.

Adresse Königsplatz 3, 80333 München (Maxvorstadt), Tel. 089/28808380, www.antike-am-koenigsplatz.mwn.de, E-Mail: info@antike-am-koenigsplatz.mwn.de | **ÖPNV** U 2, Haltestelle Königsplatz, Tram 27, 28, Haltestelle Karolinenplatz | **Öffnungszeiten** Di & Mi, Fr–So 10–17 Uhr, Do 10–20 Uhr

17_Caffé Fausto

Wo es duftet und qualmt

Wie Faust in der Hexenküche: Angefangen hat alles mit einem Spaghetti-Topf, einem Kosmetikmülleimer aus Edelstahl, einer Heißluftpistole, einem Kartoffeldämpfer und einem PC-Lüfter. Ein paar geschickte Handgriffe, und schon konnte sich Harald Faust eigenen Kaffee zu Hause rösten. Am Anfang war es eine qualmige Angelegenheit. Nach mehrmaligem Experimentieren entstand die erste Mischung: »Espresso Monaco«, die bis heute hier geröstet und getrunken wird. Aus der kleinen Röstküche wurde eine richtige Rösterei mit Café, die heute ganz idyllisch in der schönen Kraemer'schen Kunstmühle gelegen ist.

Eines der wichtigsten Kriterien für einen guten Kaffee ist Frische und Rösttempo. »Ein guter Kaffee braucht Zeit, und die nehmen wir uns«, so Faust. 16 bis 20 Minuten lang werden 30 Kilo grüne Bohnen in einem Trommelröster bei niedrigen Temperaturen von etwa 200 Grad geröstet. Das ist langsamer und kühler als beim industriellen Röstverfahren. Ein Kilo geröstete Bohnen ergibt 120 Tassen Espresso. Damit der Kaffee einen optimalen Geschmack erreicht, sollte die Röstung möglichst frisch sein.

Fausto verarbeitet nur sortenreine Kaffeesorten von ausgewählten Anbaugebieten und verzichtet bewusst auf Kaffeebohnen, die aus Monokulturen stammen. Selbstverständlich bietet er auch zertifizierte Biosorten an und unterstützt Fairtrade-Projekte. Vom 100 Prozent würzigen Arabica bis zu Mischungen mit 10 bis 15 Prozent Robusta, die einen weicheren Geschmack versprechen und mondän klingen: »Espresso Giesing«, »Espresso India Monsooned Malabar«, »Espresso Peru«... Wöchentlich gibt es neben der Standardmischung eine zweite zum Probieren.

Derzeit im Trend: der gute alte Filterkaffee. Auch hier hat sich Fausto eine Röstung ausgedacht: »Filter spezial« aus 100 Prozent Arabica. Wir freuen uns auf das nächste Experiment. Denn: Faust lebt und kümmert sich um die Bohne.

Adresse Birkenleiten 41, 81543 München (Untergiesing/Harlaching), Tel. 089/62231113, www.caffe-fausto.de, E-Mail: info@caffe-fausto.de | **ÖPNV** U 1, Haltestelle Candidplatz, Bus 52, Haltestelle Lebscheestraße, Tram 15, 25, Haltestelle Kurzstraße | **Öffnungszeiten** Mo–Fr 11–19 Uhr, Sa 10–17 Uhr

18 Carlotona

Für kleine Romantiker

Ein Bild wie im Traum. Ein Mädchen im rot-gestreiften Kleidchen mit einem Matrosenkragen, ein Junge in beigen Knickerbockern, kariertes Hemd, bunte Kniestrümpfe dazu. Ihre Welt, in der sie spielen, ist voller Vertrauen, heil und behütet. So wie Kindheit sein sollte. Augen auf! Der Traum geht weiter, bei Carlotona, dem Geschäft für klassische Kindermode.

Es ist so, als wenn die Zeit stehen geblieben wäre. Mit ihrer Mode bewahrt Carlotona den kindlichen Stil. Rüschenkragen hauchen den Kleidern Nostalgie ein. Die Schnitte sind klassisch-verspielt. Die Stoffe aus Liberty, Piqué oder Crêpe geben ihnen den letzten romantischen Schliff. Atemberaubend sind die Festtagskollektion und die Taufkleider aus feinster Valencienne-Spitze aus Brüssel, die an Madonnenaltäre erinnern und noch per Hand genäht werden. Sachen, die man an die nächsten Generationen weitervererben möchte.

Die Geschäftsidee: Maria del Mar von Borries wollte das verkaufen, was sie an ihre eigene Kindheit erinnerte und was sie bei moderner Kinderbekleidung schon immer vermisst hatte. Die gebürtige Spanierin legt viel Wert auf Ästhetik und Qualität. Das hauseigene Label Carlotona wird ausschließlich in einem familienfreundlichen spanischen Unternehmen entworfen und genäht. Außerdem gibt es einige französische und englische Labels im nostalgisch-kindlichen Stil zu kaufen.

Die Kleider sind luftig und so leicht zu pflegen, dass sie sportlicher Kindermode in nichts nachstehen. Dem, der da glaubt, Kinder brauchten zum Spielen nur Hosen, widerspricht die freundliche Frau vehement. Ein Kleid biete genauso viel Bewegungsfreiheit wie eine Hose und »wenn ein schönes Kleid schmutzig ist, ist es immer noch schöner als ein hässliches Kleid«. Der Stil sollte natürlich zum Kind passen. In erster Linie sollten ihrer Meinung nach aber Kinder Kinder sein dürfen und »einfach liebevoll angezogen werden«. Nicht nur im Traum.

Adresse Steinstraße 3, 81667 München (Haidhausen), Tel. 089/48998770, www.carlotona.de, E-Mail: info@carlotona.com | **ÖPNV** Tram 16, Haltestelle Wiener Platz, Tram 15, 19, 25, Haltestelle Wörthstraße | **Öffnungszeiten** Mo–Fr 10–18 Uhr, Sa 10–14 Uhr

19 Carstens Symphonie der schönen Dinge

Auf andere Gedanken

»Schönheit liegt in den Augen des Betrachters«, meint der Komponist der schönen Dinge, Carsten Glomm, wenn man ihn fragt, was Schönheit für ihn bedeute. Mit seiner »Symphonie der schönen Dinge« hat er einen Ort der Leichtigkeit komponiert: eine Mischung aus kleinen Accessoires und Gebrauchsgegenständen. Blumen und Pflanzen. Antike Möbel. Romantik-Kitsch. Nostalgische Krokotaschen. Lächelnde Buddhas, die an jeder Ecke gemächlich thronen. Das Zusammenspiel der Farbtöne sorgt für beinahe synästhetische Effekte. Steht man inmitten des Ladens, erklingen die verschiedensten Farbtöne, stimmen den Betrachter froh und schaffen Bilder im Kopf. Jede Ecke erzählt eine Geschichte. So sitzt ein Buddha zwischen Lavendelpflanzen – schon entsteht das Bild eines meditativen Gartens. Eine Reihe wunderbunter Kerzen liegt neben passenden Servietten – schon entzündet sich ein romantisches Candle-Light-Dinner im Kopf.

Der Ablenkungsmeister kombiniert bewusst Themen und Farben, wobei letztere die wichtigste Rolle spielen. Die Themen richten sich oft nach der Jahreszeit. Alles, was hier zu sehen ist, kann man auch kaufen. Weil es ihn schon immer ärgerte, wenn er in einem Laden etwas schön fand und es nicht kaufen konnte, kann man sogar die maßgeschneiderte Schiebetür hinter der Kasse mit nach Hause nehmen.

Mehrmals im Jahr verreist der gelernte Florist. Dann verschlägt es den Sammler auf Messen, aber meist fährt er dann nach Indien oder Belgien, wo er originelle Sachen aufspürt, die man vielleicht nicht auf jeder Messe findet. »Oft kommen die Sachen aber auch zu mir«, sagt er stoisch.

Sein Auswahlkriterium ist simpel: Er verkauft das, was er schön findet. Damit er sich in seinem Sammelsurium zurechtfindet, glaubt er an den heiligen Antonius. Denn auch die Suche nach den richtigen Dingen – liegt im Ermessen des Betrachters.

Adresse Maistraße 33, 80337 München (Ludwigs-/Isarvorstadt), Tel. 089/57868151, www.carstens-blumensymphonie.de, E-Mail: carstens.blumensymphonie@gmail.com | **ÖPNV** U 3, 6, Bus 58, Haltestelle Goetheplatz, Bus 62, Haltestelle Maistraße | **Öffnungszeiten** Di–Fr 12–18.30 Uhr, Sa 11–17 Uhr

20__Carta Pura

Die bunte Welt der Papiere

Carta Pura ist nicht der einzige Papierladen in München, aber vielleicht der schönste! Alles, was hier angeboten wird, präsentiert sich in feinster Ordnung. Es ist erstaunlich, wie viele schöne Dinge aus Papier gemacht werden können: Buchblöcke, Kladden, Hefte, Alben, Briefpapier, Schmuckkarten, Schatullen und Etuis.

Neben den Papierprodukten spielen bei Carta Pura vor allem die großformatigen Papiere eine wichtige Rolle: einfarbige Bögen in zahlreichen Farbtönen zum Buchbinden, Basteln und Dekorieren und natürlich die große Auswahl an gemusterten Papieren. Die sogenannten Carta Varese, die es in 120 Varianten gibt, stammen aus Italien und sind vor allem als Geschenkpapier beliebt. Die Chiyogami- und Katazome-Papiere werden in japanischen Werkstätten Bogen für Bogen im Siebdruckverfahren hergestellt. Die Qualität ist so beeindruckend, dass man die Papiere spontan als Kunstwerk rahmen möchte. Die wertvollen Bögen kommen vor allem beim Beziehen von Büchern, Alben und Schachteln zum Einsatz, von denen bei Carta Pura eine große Auswahl angeboten wird.

Auch wenn Carta Pura mittlerweile weltweit als Großhandel tätig ist, so hat alles vor 28 Jahren mit dem Papierladen begonnen, der bereits damals italienische und japanische Papiere im Sortiment führte – und Postkarten, viele Postkarten. Diese gibt es auch heute noch, in immer wieder neuer, origineller Auswahl: von klassischen Schwarz-Weiß-Fotografien und Kunstreproduktionen bis zu alten Stadtansichten von München.

Der Papierladen ist mehr als ein Verkaufsort: Hier wird beraten, begutachtet, begriffen, gerechnet und geschnitten. Entscheidend ist das optische wie haptische Erlebnis: die Lust am Ertasten von Oberflächen, die Freude am Komponieren von Farben, die Begeisterung beim Erkennen der Nuancen. Es ist ein Ort, an dem sich die Liebe zum Papier überträgt, ein Ort, an dem man schauen und staunen kann.

Adresse Schellingstraße 71, 80799 München (Maxvorstadt), Tel. 089/2881130, www.cartapura.de, E-Mail: info@cartapura.de | **ÖPNV** U 3, 6, Haltestelle Universität, U 2, Haltestelle Theresienstraße, Tram 27, 28, Haltestelle Schellingstraße, Bus 154, Haltestelle Arcisstraße | **Öffnungszeiten** Mo–Fr 9.30–19 Uhr, Sa 9.30–16 Uhr

21 Corona Lantana

Hut ab!

In einer kleinen Hutwerkstatt in einem Hinterhof kreiert eine junge Frau zauberhaft verspielte Kopfbedeckungen von Hand. Jedes Stück ist ein Unikat. »Corona lantana« bedeutet lateinisch Wandelrose und deutet auf die bunte Vielfalt der dargebotenen Hüte hin. Ob Strohhut, Melone, Haarreifen, Fascinator oder Kappe, bei Anne Mauch finden Mann und Frau den Hut für jede Gelegenheit. Deshalb wählte sie den Kakadu als Motiv für ihre Visitenkarte: »Ein Tier, das sich zu bestimmten Anlässen aufplustert und einen entsprechenden Kopfschmuck aufsetzt.« Federn kommen bei ihr sehr häufig zum Einsatz und verleihen ihren Modellen die gewisse Leichtigkeit und Eleganz.

Die zierliche Modistin verrät, dass sie sich bei einem Theaterpraktikum als Kostümbildnerin »sofort in diesen Beruf verliebte«. 2011 eröffnete sie ihr nostalgisch angehauchtes Atelier für »Hut und Putz«. Für ihre Werkstatt organisierte sie alte Hutmachergeräte vom Flohmarkt und legte los. Und so entsteht ein Hut: Zuerst wird der Filz erwärmt. Wenn er warm und feucht ist, wird er geformt, gebügelt und gezogen. Nach dem Abkühlen wird er zugeschnitten und geschmückt. Bis zu drei Anproben gibt es dann, bis der Hut passt.

Insbesondere beim Fascinator, dem eine Schmuckfunktion zukommt und den man zu festlichen Anlässen trägt, lässt die Modistin ihrer Phantasie freien Lauf. Sie liebt die Vielfältigkeit der verschiedensten Materialien. Ihre Zutaten sind vom Feinsten und stammen vorzugsweise aus Europa: Hahnen-, Enten-, Pfauen-, Reisfedern. Piqué, Tweed, Kaschmir, Cinemey. Seide, Organza, Perlen, Tüll …

Viele Menschen lassen sich gerne auch ein Modell nachnähen oder verschenken einen Hut als »Symbol für Beständigkeit«, sagt Anne Mauch. So brachte eine Dame einen alten Couchstoff mit, auf dem sie mit ihrem Mann ihr Leben lang gesessen hatte, und wollte sich daraus einen Hut als Erinnerungsstück nähen lassen. Chapeau!

Adresse Belfortstraße 3 (Rückgebäude), 81667 München (Haidhausen), Tel. 089/52032036, www.coronalantana.de, E-Mail: info@coronalantana.de | **ÖPNV** S 1, 2, 3, 4, 6, 7, 8, U 5, Tram 19, Bus 54, 55, 62, 100, 145, 155, 187, Haltestelle Ostbahnhof, Tram 15, 19, 25, Haltestelle Wörthstraße | **Öffnungszeiten** nach telefonischer Vereinbarung

22 Curtis & Curtis

Möbel nach Maß

Was Sie über Victor wissen sollten: Er wirkt älter, als er ist, aber er ist immer noch sehr attraktiv. Victor hat mehrere Leben, ist anpassungsfähig, verstellbar und schafft Ihnen Platz und Raum. Mal ist er eine Wickelkommode, mal ein Regal, oder er verwandelt sich in einen Schreibtisch. Eines ist er sicher: ein raffiniertes Schranksystem und eine der neuesten Ideen des Möbelproduzenten Lee Curtis. Zu kaufen gibt es ihn bei Curtis & Curtis, für viele *der* Laden mit dem antiken Touch. Der Clou: Die Möbel im englischen Stil sehen alt aus, sind es aber nicht. Das mag daran liegen, dass das Herz der Ladenbesitzer bis heute für wahre Antiquitäten schlägt. Doch mindestens so stark schlägt es auch für ausgefallene Kundenwünsche.

Was Sie über Curtis & Curtis wissen sollen: Vor 20 Jahren verkaufte das Ehepaar Eva und Lee Curtis antike Möbel aus England. Alle vier Wochen fuhren sie auf die Insel und kamen mit einem vollen Laster Antiquitäten zurück. Sie reparierten und restaurierten. Die Menschen waren begeistert, hatten aber immer mehr eigene Vorstellungen, was die Maße anging, wollten zu dem Tisch auch einen passenden Schrank oder hätten das Bett lieber ein bisschen größer. So kam die Kehrtwende. Lee Curtis begann, passende Möbel nach Maß anzufertigen und sie an die Bedürfnisse der Käufer anzupassen. Die Prototypen entwirft der Designer mit Erfindergeist in seiner Werkstatt in Haidhausen. Produziert wird in Tschechien und Frankreich, woher auch das feine Kirsch- und Kiefernholz stammt. Dort wird geschreinert, lackiert und wieder abgeschliffen, damit der Used-Charakter entsteht.

Es ist ein komplexer Entstehungsprozess, der viel Geschick und Spezialwissen verlangt. Die Tische, Schränke, Kommoden, Stühle, Regale im Laden stehen antiken Möbeln optisch in keiner Weise nach. Sie repräsentieren den schönen, schlichten, englischen Stil, täuschend echt. Altern als Kunst.

Adresse Wiener Platz 8, 81667 München (Haidhausen), Tel. 089/4481015, www.curtisundcurtis.com, E-Mail: mail@curtis&curtis.com | **ÖPNV** U 4, 5, Tram 15, 19, 25, Bus 190, 191, Haltestelle Max-Weber-Platz, Tram 16, Haltestelle Wiener Platz | **Öffnungszeiten** Mo–Fr 11–18.30 Uhr, Sa 11–16 Uhr

23 Der Dultstand im Münchner Stadtmuseum

Ein Museum im Museum

»Was kann ich für Sie tun, gnädige Frau?« Paul Eichinger weiß seine Kundschaft zu bezirzen. Schließlich ist er – wie sein Stand – eine Münchner Rarität. Geboren in der Maistraße, zu der Zeit, als man noch mit dem Zug in die Geburtsklinik fuhr. Später drückte er die Schulbank mit Gerhard Polt. Ein solches Original kann Geschichten erzählen, dass einem die Ohren schnackeln. Doch »von Haus aus bin ich ein grundsolider Mensch«. Behauptet einer, der alle acht Jahre auf einen neuen Streich kam – eine grundsolide Kontinuität des Wechsels.

Nach einer abgebrochenen humanistischen Ausbildung, einer Banklehre und schließlich Ausbildung zum Hotelfachmann war er 30 Jahre lang in der Münchner Gastro- und Ladenlandschaft umtriebig. Bis er sich 2006 mit dem Dultstand im Münchner Stadtmuseum quasi zur Ruhe setzte. Quasi. Natürlich darf er alljährlich neun Tage bei der Maidult im Frühjahr, Jakobidult im Juli und der Kirchweihdult im Oktober in der Tandlergasse nicht fehlen.

Für diejenigen, die in den dultfreien Monaten Entzugserscheinungen bekommen, ist sein Museumsstand die Rettung. Hier darf noch gehandelt und gefeilscht werden. Seine Tandlerware umfasst Dinge, die eine Geschichte erzählen, bloß keine Luxusgüter. Hier wird alles verkauft, was Raritätenstatus hat. Kitsch und Krempel. Silber und Metall. Lampen und Lüster. Nippes und Porzellan. Stiche und Stillleben. Kinderwagen und Roller. Angelruten und Silberfische. Boas und Zylinder. Madonnen und Geweihe. Bierkrüge und Kristallgläser. Perlenketten und Rosenkranz. Bücher und Bulletins. Doch am schönsten ist es, einfach einmal dieses Gesamtkunstwerk an Sammelsurium auf sich wirken zu lassen. Denn je länger man schaut, desto deutlicher wird, dass Paul Eichinger nicht nur ein Tandler, sondern auch ein Schöngeist ist. Steigerung gibt es dann nur noch eine: dem Münchner Stadtmuseum einen Besuch abzustatten. »Habe die Ehre.«

Adresse St. Jakobs-Platz 1 (Stadtmuseum), 80331 München (Altstadt), Tel. 089/23321693, www.antik-symbiose.de, E-Mail: eichinger@antik-symbiose.de | **ÖPNV** S 1, 2, 3, 4, 6, 7, 8, U 3, 6, Haltestelle Marienplatz | **Öffnungszeiten** Di – So 10 – 18 Uhr

24_Antike Uhren Eder

Wem die Stunde schlägt

Wer kann ermessen, was die Erfindung der Uhr für die Menschen seinerzeit bedeutet hat? Plötzlich konnte man den Tag gleichmäßig strukturieren. Auch Verabredungen waren nun zeitgleich möglich. Der Tag unterschied sich nicht mehr ausschließlich in hell und dunkel.

Die Faszination, die von Uhren ausgeht, ist ungebrochen. Darüber hinaus ist eine kostbare Markenuhr ein beliebtes Statussymbol und natürlich auch eine Art von Wertanlage. Auch stellt die Uhr bei den meisten Männern den einzigen sichtbaren Schmuck dar, den *mann* trägt. Was aber nicht heißt, dass die männlichen Kunden in dem eleganten Geschäft in der Mehrzahl wären.

Uhren Eder handelt ausschließlich mit alten, antiken und kostbaren Uhren. Viele dieser Meisterwerke werden von ihren Besitzern über Generationen vererbt. Thomas Eder leitet den traditionsbewussten Laden bereits in der sechsten Generation. Sein Rüstzeug erwarb er sich bei der wohl renommiertesten Uhrmacherschule Europas: »La Chaux-de-Fonds« in der Schweiz. Zwei zusätzliche Jahre hospitierte er in einem Uhrenmuseum und trägt jetzt den Titel eines Antikuhrmachers und Restaurators.

Die Auswahl bei Eder reicht von Taschenuhren über Armbanduhren bis hin zu Pendulen, aber den größten Anteil des Sortiments stellen zurzeit klassische Armbanduhren aller renommierten Schweizer Uhrenhersteller: Markenuhren, von denen unsereins nur träumt, etwa von Patek Philippe, Rolex, Lange & Söhne, IWC Schaffhausen oder auch Jaeger-LeCoultre.

Uhren Eder verfügt über eine renommierte Werkstatt, wo Uhrenmeister und Restauratoren praktisch jede antike Uhr reparieren können. Ein umfangreiches Ersatzteillager macht dies erst möglich; was es nicht mehr gibt, wird von Hand angefertigt, sodass die alten Schätze wieder brav und richtig ticken. Besuchen Sie doch einfach mal das kleine Geschäft mitten in München und lassen sich die Faszination eines antiken Zeitmessers näherbringen.

Adresse Prannerstraße 4, 80333 München (Altstadt), Tel. 089/220305, www.uhreneder.de, E-Mail: info@uhreneder.de | **ÖPNV** S 1, 2, 3, 4, 6, 7, 8, U 3, 6, Bus 52, Haltestelle Marienplatz, Tram 27, 28, Haltestelle Ottostraße | **Öffnungszeiten** Mo–Fr 10.30–18.30 Uhr, Sa 11–15 Uhr

25 Falkenberg

Der Mix macht's

Beim ersten Mal gibt dieses wunderbare Geschäft viele Rätsel auf. In Bücherregalen stehen schöne Lifestyle-Bücher, aber ein Buchladen ist es nicht. Hier gibt es das legendäre Ei von Arne Jacobson und den PK22-Sessel von Poul Kjaerholm, aber ein skandinavisches Design-Möbelhaus ist es nicht. Hübsche Damenkleider für jeden Anlass hängen an der Stange, aber eine Boutique ist es nicht. Der Tisch inmitten des Ladens ist mit feinem Nymphenburger Porzellan gedeckt, aber eine Manufaktur ist es nicht. Feine Schokolade liegt verführerisch in schönen Schälchen, aber eine Chocolaterie ist es auch nicht.

Eines ist Falkenberg aber sicher: ein Concept Store der anderen Art. Ein Laden, der alle Sinne anspricht und in dem Sie »alles kaufen können, was Sie sehen«, außer der charmanten Ladenbesitzerin Sabine Falkenberg. Die studierte Juristin hat mitten in Schwabing »ein Geschäft zum Schauen und zur Inspiration« geschaffen, in dem sie nur das verkauft, was ihr gefällt, und Sachen von feinen Manufakturen aussucht »die es nicht überall gibt«.

Die Einrichtung inspiriert mit ihrem klaren Konzept, schlichtem Design und dezenten Farben. Die klassisch-ausgefallenen Designer-Möbel harmonieren mit den Accessoires und Büchern, die Kleider mit dem Schmuck. Die ungewöhnlichen und feinen Geschenk-Accessoires lassen sich gut mit köstlichen Schokoladen und Tees kombinieren. Sabine Falkenberg überlässt hier nichts dem Zufall. »Wie wenn man ein Menü kreiert«, dekoriert sie jeden Monat ihr »zweites Wohnzimmer« um und setzt fast alle Dinge ins neue Licht. Dafür nimmt sie aber nur die feinsten Zutaten. Ihre Liebe zum Kombinieren setzt sie außerdem in stilsichere Wohnberatung um. Doch das ist nicht alles. Bis zu zweimal im Jahr veranstaltet sie ungewöhnliche Themenabende und bringt ihre Kunden bei guter Laune zusammen. Hier fühlt man sich wie zu Hause, und die Leichtigkeit, mit der sich das einstellt, ist gewiss kein Rätsel.

Adresse Franz-Joseph-Straße 21, 80801 München (Schwabing-West), Tel. 089/38660577, www.falkenberg-muenchen.com, E-Mail: contact@falkenberg-muenchen.de | ÖPNV U 3, 6, Bus 54, 154, Haltestelle Giselastraße | Öffnungszeiten Mo–Fr 10.30–19 Uhr, Sa 10.30–16 Uhr

26 Feine Esserei

Einfach raffiniert

Eine wahre Genussoase liegt an der Grenze zwischen Neuhausen und Nymphenburg. Hier gibt es die feinsten Ingredienzien für das perfekte Dinner, ein leichtes Mittagessen oder kulinarische Geschenkideen. Vor allem: kein exotisches Larifari, sondern Lebensmittel, die uns in ihrer Art vertraut sind, aber in der Verarbeitung, Zusammensetzung, Herkunft und ihrem Geschmack der gewöhnlichen Ware bei Weitem überlegen.

»Ich möchte gute Grundnahrungsmittel verkaufen, die zum Zubereiten wenige Zutaten brauchen. Mit denen man schnell ein wunderschönes Essen zubereiten kann.« Hinter dieser Philosophie steht Michaela Maus, die aus innerster Überzeugung heraus nach Produkten sucht, »die von Fachkreisen hochgelobt und prämiert sind«. Wie zum Beispiel ihre Nudeln, angeblich die besten der Welt. »Mit ein bisschen Butter oder feinstem Olivenöl und einem guten Salat dazu – und schon ist jeder Bissen ein Geschmackserlebnis.«

Geschmackliche Raritäten sind auch die beinahe ausgestorbenen Mischungen wilder Reissorten wie Wizard of Laos oder Sparkling Vulcano. Besonders stolz ist sie auf ihre limitierten Schokoladen, bei denen sie die Kakaobohne, deren Herkunft kennt und sogar weiß, wie lange sie conchiert wurde. Ebenso erstklassig: ihre sortenreinen Olivenöle, die selbstverständlich aus der ersten Pressung stammen, von Kooperativen schnellstens verarbeitet werden und in Geschmack und Qualität unnachahmlich sind. Transparenz ist das A und O.

Die ehemalige Cutterin weigerte sich damals, in Rente zu gehen, und absolvierte eine Schulung in Lebensmittelkunde. Seitdem bildet sie sich ständig weiter und weiß wirklich zu jedem Produkt eine Geschichte zu erzählen. Doch was nützt mir die beste Nudel der Welt, wenn das Ambiente nicht stimmt. Das Auge isst bekanntermaßen mit! Deshalb berät Michaela Maus, wie man mit einfachen Mitteln ein schönes Romantik-Dinner zaubert. Bitte zu Tisch.

Adresse Winthirstraße 8, 80639 München (Neuhausen), Tel. 089/18911635, www.feineesserei.de, E-Mail: mail@feineesserei.de | **ÖPNV** U 1, 7, Tram 12, Bus 53, 62, 133, Haltestelle Rotkreuzplatz | **Öffnungszeiten** Mo 12–19 Uhr, Di–Fr 10–19 Uhr, Sa 10–14 Uhr

27 Flowerbox

Pflanzenmagie

Blümlein, Blümlein an der Wand, sag' mir, wer ist die Schönste im ganzen Land?

Moment mal, irgendetwas stimmt hier nicht! Seit wann können Blumen wie ein Spiegel an der Wand hängen? Wie soll das funktionieren? Die Antwort heißt: Flowerbox, der vertikale Minigarten aus echten Pflanzen, den man wie ein Bild an die Wand hängen kann. Tobias Mazet ist Geschäftsführer der Blumenwerkstatt und erklärt den Zaubertrick: Man nehme kleine Pflanzen wie Drachenbaum oder Kussmäulchen, die langsam wachsen und notfalls auch in der Wüste überleben könnten. Dann pflanzt man sie in eine Box aus Keramik oder Stahl ein. Diese ist mit einer südamerikanischen Moosart gefüllt, die wie ein Schwamm Flüssigkeit aufsaugt. Gegossen wird alle zwei bis sechs Wochen. Bei guter Pflege und klimatischen Bedingungen hält sich das Pflanzenwunder mehrere Jahre.

Ursprünglich stammt die Idee aus Frankreich. Der junge Unternehmensberater hat sie im Jahr 2010 nach München importiert und weiterentwickelt. Das junge fünfköpfige Team, darunter auch eine Gartenbau- und eine Agraringenieurin, denkt sich immer wieder neue Kreationen aus. Ihr neuestes Produkt heißt »styleGREEN«. Hier werden Moos, Farne und andere echte Pflanzen konserviert und wie ein Bild eingerahmt. So entsteht ein Stück Natur an der Wand.

Das Pflanzenlabor liegt versteckt im ersten Stock eines Industriegebäudes. Der Weg dahin fühlt sich wie ein Spaziergang durch den Wald an. Es duftet nach Moos! Im Geschäft gibt es eine Auswahl an 24 Pflanzensorten. Wer es gern bunt mag, für den gibt es das Flammende Käthchen. Für den Musterliebhaber wäre die Grünlilie das Richtige. Und so geht's: Zuerst sucht man sich ein farbiges Gefäß aus, dann setzt man die bevorzugten Pflänzchen hinzu. Fertig! Man kann sich alles auch im Internet anschauen. Es ist jedoch schöner, die Pflanzen im richtigen Leben zu bestaunen und anzufassen. Eines ist vorprogrammiert: die Qual der Wahl.

Adresse Ständlerstraße 35 (Showroom), 81549 München (Giesing), Tel. 089/66617862, www.flowerbox.de, E-Mail: info@flowerbox.de | ÖPNV S 3, 7, U 2, 7, Bus 54, 144, 147, Haltestelle Giesing, Tram 16, 17, Haltestelle Schwanseestraße, Bus 139, 144, 145, Haltestelle Ständlerstraße | Öffnungszeiten Mo – Fr 9 – 17 Uhr (nach telefonischer Vereinbarung!)

28 Flügels Spiel- & Holzwerkstatt

Von Kopf bis Fuß auf Kinder eingestellt

Bei Flügels gibt es ihn noch, den Tante-Emma-Laden. Zumindest erinnert dieses Spielzeuggeschäft stark daran und lässt Kinder- und Elternherzen höher schlagen. Die Ladenbesitzer Susanne und Richard Flügel staunen manchmal selbst, »was sie alles unterbringen«. Zugegeben, der Laden platzt aus allen Nähten, das macht ihn aber auch so liebenswert. Hier herrscht »Chaos mit System«. Von der Decke hängen Laufräder, Leitern, Mobiles … In einem antiken Sekretär stapeln sich Schreibwaren, in einem Apothekerschrank liegen Steckspiele und Puppen, im Küchenregal Utensilien für die Kinderküche. Jeder Millimeter wird ausgenutzt. Die Kinder stürmen rein und rennen gleich zur Holzeisenbahn. Hier dürfen sie alles anfassen und ausprobieren. In der Zwischenzeit schauen sich die Eltern und Großeltern in Ruhe um. Eigentlich lässt sich hier das ganze Kinderzimmer komplett einrichten mit Möbeln, Laufautos, Kaufläden, Puppenwägen, Tierfiguren, Holzinstrumenten, Büchern, CDs und sogar Babybekleidung. Bemerkenswert ist die breit gefächerte Auswahl an Holzspielzeug von bekannteren Marken wie Ostheimer und Keppler sowie von ausgewählten Behindertenwerkstätten. Auf Anfrage schreinert Richard Flügel auch das eine oder andere Möbelstück in der eigenen Ladenwerkstatt – ein Magnet für kleine und große Jungs.

Die Flügels haben ihre beiden Kinder in diesem Laden großgezogen und achten darauf, woher ihr Sortiment kommt und wie es hergestellt wird. Um bei der Nachfrage der Eltern mitzuhalten, versuchen sie den Spagat zwischen schlichtem Holzspielzeug und gängigem Spielzeug und treffen so eine ausgewogene Vorauswahl.

Damit gewinnen sie das Vertrauen der Eltern, die seit Generationen hierher kommen. Es ist ein Familienbetrieb, dessen Geschichte 1896 begann und bis heute – in vierter Generation – in Familienhänden liegt. Wie zu Tante Emmas Zeiten.

Adresse Nördliche Auffahrtsallee 62, 80638 München (Nymphenburg), Tel. 089/177682, www.die-fluegels.de, E-Mail: info@die-fluegels.de | **ÖPNV** Tram 16, 17, Bus 51, 151, Haltestelle Schloss Nymphenburg, Tram 12, Haltestelle Romanplatz | **Öffnungszeiten** Mo–Fr 10–13 Uhr & 15–18 Uhr, Sa 10–13 Uhr

29 Gabin

Die Münchnerin trägt Prada

Willkommen in der Pinakothek der Mode. Wer schon einmal durch die Kurfürstenstraße flaniert ist, hat vielleicht bemerkt, wie viele Galerien die charmante Straße schmücken. Gabin, einer der besten Secondhandläden für aktuelle Mode, kann hier gut mithalten. Wie kleine Installationen designt Ulrike Goettfert ihre avantgardistisch-bunten Schaufenster. Echte Eyecatcher.

Ihre Auswahl an Mode und Accessoires enttäuscht keinen, der es ein bisschen individuell mag. Die Designstücke dürfen weder älter als drei Jahre sein noch madamig-elegant, noch gibt es hier etwas, was schon mal auf dem Catwalk gesehen wurde. Bei Gabin finden Sie Modelle der besten zeitgenössischen Designer, die angenehm zu tragen und am schönsten sind, wenn sie neu kombiniert werden. Mit dabei: Marc Jacobs, Martin Margiela, Jil Sander, Celine, Dries van Noten und manchmal auch ganz neue Kollektionsteile, etwa von Paul Smith aus Mailand.

Es ist immer eine Freude, die Ladenbesitzerin anzusehen, die mit ihrem eigenen Gesamt-Stil inspiriert – ihre Brillen sind genial! – und die es mag, »die Leute authentisch anzuziehen«. Auch Prada-Kundinnen und -Kunden schätzen hier die Auswahl und bringen wiederum ihre Sachen zum Ankauf. So ist es schon einmal passiert, dass ein Herr sein eigenes Sakko kaufen wollte. Oder dass eine Kundin Ulrike Goettfert anschaut und begeistert ruft: »Sie haben ja meine Sachen an!« Vor allem aber kommen die Menschen zu Gabin, weil sie in Ruhe »rumkruschen und anprobieren können«, ohne dass man »herabwürdigend angeschaut« wird, wie es in manchen Boutiquen der Fall ist. Unaufdringlich berät die studierte Modemeisterin mit ihrem stilsicheren Blick jeden, der sich nicht entscheiden kann. Die Preise gestaltet die ehemalige Schwimmmeisterin in der Tat sehr fair. Es wird zu einem Drittel vom Neupreis verkauft, und wenn dann SSV ist, schlagen viele gerne doppelt zu. Da würde sogar der Teufel Prada tragen.

Adresse Georgenstraße 46 (Eingang: Kurfürstenstraße), 80799 München (Maxvorstadt), Tel. 089/33066296, www.gabin-secondhand.de, E-Mail: info@gabin-secondhand.com | **ÖPNV** U 3, 6, Haltestelle Giselastraße, U 2, Haltestelle Josephsplatz, Tram 27, 28, Haltestelle Nordendstraße | **Öffnungszeiten** Mo–Fr 13–19 Uhr, Sa 11–16 Uhr

30_Galerie Soin

In Maharadschas Tempel

Schon als junges Mädchen fühlte sie sich in Indien zu Hause. Sie liebt den Geruch, die Farben des Landes und ihre indische Familie. Bis heute hat Margarete Soin ihr Indien aufrechterhalten. Es liegt in Nordschwabing und ist voller Schätze aus alten und neuen Zeiten. »Fine Art of Living Inspired by Asian Traditions«, so fasst sie ihre Raritäten zusammen. Je länger man verweilt, umso mehr staunt man.

Der Laden ähnelt einem Tempel, aus dem auch viele Kostbarkeiten stammen. Von allen Seiten lächeln antike, jünglingshafte Buddhas aus Burma und Siam, sodass man direkt zurücklächeln möchte. Großartige geschnitzte Türrahmen schmücken den Raum. Und für ein Weilchen möchte man in einer pompösen Maharadscha-Sitzgarnitur in Silber und samtigem Blau versinken, sich passend mit prächtigem alt-indischem Fürstenschmuck behängen und mit echten Saris bekleiden.

Sobald man glaubt, alles gesehen zu haben, entdeckt man stets neue Details. Antike Tempelfiguren aus Bronze, prächtige Bettüberwürfe, Gartenbänke aus der Kolonialzeit, chinesische Paravents, Opferschalen … Sehr beliebt ist die indische Mode, die von einer Schneiderin aus Delhi – auch nach Maß – angefertigt wird. Galerie Soin stellt definitiv ein Kleinod für Liebhaber der asiatischen Kunst dar.

Als 1975 das Geschäft eröffnete, war es leichter, Antiquitäten aus Indien, Burma oder China auszuführen. »Man konnte früher ganze Dörfer kaufen.« Und man konnte sich fast sicher sein, dass es sich um echte Ware handelte. »Heute ist es glücklicherweise geschützt und fast unmöglich, da Indien und Burma einen Ausfuhrstopp erließen.« Margarete Soin schöpft noch immer aus ihrem reichen Fundus. Heute würde sie sich nicht mehr trauen, in diesen Ländern Antiquitäten zu kaufen. Stattdessen mischt sie auch neue Möbel und Accessoires mit Antikem. Ganz im ostasiatischen Sinne.

Adresse Leopoldstraße 116, 80802 München (Schwabing), Tel. 089/334040, www.galerie-soin.de, E-Mail: info@galerie-soin.de | **ÖPNV** Bus 142, Tram 23, Haltestelle Potsdamer Straße, U3, 6, Tram 23, Bus 54, 142, 144, Haltestelle Münchner Freiheit | **Öffnungszeiten** Mo – Fr 11 – 19 Uhr, Sa 12 – 18 Uhr

31_Gasoline Alley

Das Manufactum für Abenteurer

Der Ort der Wahl für richtige Männer: Ein Schritt in diese chromblitzende, testosterongeschwängerte Welt – und es mutet an, als wäre man am Set von »Easy Rider« in der Ausstattungshalle gelandet. Fast könnte man gar meinen, Inhaber Burkhard Pflug habe den Fundus gleich mehrerer Abenteuerfilme geplündert. Doch Requisiten sucht man hier vergebens. Die außergewöhnlichen Dinge sind alle echt. Was hier geschichtsträchtig aussieht, hat Geschichte. Die Raritäten, die Burkhard Pflug zusammengetragen hat, sind zum Teil über 100 Jahre alt.

Der Inhaber wirkt wie ein in die Jahre gekommener großer Junge, der sich einen Traum erfüllt hat. Oder wie ein begeisterter Wächter in seinem eigenen Retro-Museum: Mitten im Shop stehen fünf restaurierte Bikes der Spitzenklasse. Im hinteren Teil hängt eine Irrsinnsauswahl an Lederjacken. Das Gleiche gilt für die Lederboots in allen Farben und Schafthöhen. Hier gibt es nicht nur Jacken, wie sie Marlon Brando oder Mickey Rourke getragen haben, oder Schuhe von Jack Nicholson oder Brad Pitt. Hier gibt es auch Fliegerjacken aus den Weltkriegen und die Schuhe schwindelfreier Mohawk-Stahlarbeiter. Eine historische Augenweide. Wer den Laden weiter durchstreift, trifft auf alte Helme, handverlesene Klassiker aus Seefahrt und Kleinmaschinen-Fliegerei, auf Fliegerbrillen, alte Blechschilder, eigene T-Shirts, eine Sammlung von Robotern …

Ob für urbane Cowboys, veritable Abenteurer oder das Kind im Manne, ob für Biker, Flieger, Segler, Sammler, Freigeister oder Nostalgiker – hier werden Männerträume wahr. Da wundert es nicht, dass der Chef heute noch europaweit Motorradrennen – etwa am berühmten Pannonia Ring oder im tschechischen Most – veranstaltet.

Auch der Humor gerät etwas rauher: Über ein US-Sweatshirt von »1945, Pearl Harbor«, sagt Pflug, »witzigerweise« gebe es nur noch eine Firma, die es herstelle – eine japanische. So viel Chauvi muss sein.

Adresse Corneliusstraße 5, 80469 München (Ludwigs-/Isarvorstadt), Tel. 089/2603100, www.gasolinealley.de, E-Mail: info@gasolinealley.de | ÖPNV U 1, 2, 7, Tram 16, 17, Bus 132, Haltestelle Fraunhoferstraße, Bus 52, 62, Haltestelle Gärtnerplatz | Öffnungszeiten Di–Fr 11–19 Uhr, Sa 11–15 Uhr

32 Gerdismänner

Männerspielzeug und Frauensache

Wer sind nun »gerdismänner«? Ein Blick ins Schaufenster: Darin eine neon-orangene Gartenbank und ein lederner Sprungbock. Ein Laden für Gartenmöbel oder Turnvereine? Gehen wir einen Schritt weiter und betreten das Geschäft. Den Raum füllt ein massiver Holztisch. Darauf stehen mittelgroße Glaskuppeln, wie man sie von Altären kennt. An der Wand steht ein alter türkisfarbener Schrank aus Indien, daneben ein rostgraues ROWAG-Regal – das Original aus Chemnitz. Ein alter Fahrradscheinwerfer auf einem Stativ wirft dezentes Licht. Oben gibt es noch mehr: französische Kommoden, einen Zeichentisch aus dem 19. Jahrhundert und andere dekorative Pretiosen. Eines steht fest: Hier ist alles groß, alt und ausgefallen – ausstellungsreif.

Und da kommt sie schon, Gerdi Tiroch. Eine zierliche Frau mit strahlenden Augen und festem Händedruck. Und wo sind jetzt ihre Männer? Mit drei Männern hatte sie den Laden gegründet, daher der Name. Heute gibt es nur einen Mann, Giuseppe Lai. Mit ihm reist Gerdi – wie sie von vielen genannt wird – nach Frankreich, Belgien oder Deutschland auf Märkte und Messen. Sie hat ein Näschen für alte französische Möbel, er ein Händchen für alte Lampen und Kurioses. »Wenn's alt ist, dann hat es eine Seele. Aber zu antik und düster dürfen die Sachen nicht sein.« Sie sollen das gewisse Etwas haben. Nur ab und zu kaufen die beiden neue Möbel, die auf alt gemacht sind. »Darin sind die Franzosen Meister.«

Männer fühlen sich bei ihr wohl, Frauen kaufen gerne bei ihr für sich und für ihre Männer ein. Was alle lieben: Gerdi ist authentisch, und so verkauft sie auch. Mit Giuseppe Lai repariert, patiniert, lasiert und möbelt die gelernte Dekorateurin alte Stücke auf.

Am liebsten aber mietet sie einen Sprinter und fährt los. »Ich fühle mich dann wie eine alte Trucker-Lady.« Gerdi lacht und begrüßt den nächsten Kunden, der etwas kaufen, verkaufen oder einfach nur schauen will.

Adresse Kreuzstraße 19, 80331 München (Altstadt), Tel. 089/23889418, www.gerdismaenner.de, E-Mail: mail@gerdismaenner.de | **ÖPNV** U 1, 2, 3, 6, 7, Tram 16, 17, 18, 27, 28, Haltestelle Sendlinger Tor | **Öffnungszeiten** Mo–Fr 11–19 Uhr, Sa 11–17 Uhr

33 Giesinger Bräu München

Manchmal ausverkauft

Schwer zu sagen, was netter ist. Die originellen Räumlichkeiten der jetzigen Braustätte oder das charmante junge Team aus neun Biermachern. In einem ehemaligen Geflügelschlachthaus werden derzeit 1.000 Hektoliter Kellerbier pro Jahr hergestellt. Bei der Selbstabholung kann jeder zuschauen, wie die eigene Maß Bier gebraut wird. In zwei kleinen Räumen stehen Flaschenabfüller, Gärbottiche, Schläuche, Lagertanks, Leitungen und Pumpen. Ein angenehmer zarter Malzgeruch weckt den Durst.

Steffen Marx und Florian Sommer sind derzeit die jungen Chefs. Der eine hatte keine Lust am theoretischen Brauereistudium. Der andere begeisterte sich für die praktische Braukunst und die chemischen Abläufe. Sie tauschten ihr Leben gegen einen Fulltimejob und Fitness in einem. In täglich zwei Suden produzieren sie auf 60 Quadratmetern naturtrübe Biere nach den einfachsten Regeln der Braukunst, mit natürlichsten Zutaten und in Handarbeit. Selbstverständlich verzichten sie aufs Filtrieren und Wärmebehandlung. Das Ergebnis: frischer Geruch, naturtrübes Bier, vollmundiger Geschmack. Aus ihrer Kunst machen sie kein Geheimnis und bieten Braukurse an.

Giesinger Bräu ist die zweitgrößte Privatbrauerei Münchens. Insgesamt sind – saisonal bedingt – zwölf Biersorten im Angebot. Starkbier, Märzen, Maibock – alles, was der Münchner übers Jahr verteilt braucht. Zudem wird an Weihnachten der Weißbierbock mit Zimt, Nelke und Mandarine gezapft. Gerne experimentieren die Brauer auch mit internationalen Spezialitäten wie dem englischen Ale.

Weil die Produktion von 200 Hektolitern im Gründungsjahr 2008 ums Fünffache gestiegen ist, beschlossen die »Giesinger« umzuziehen. Gebunden an den Namen, werden sie Giesing erhalten bleiben und im Januar 2014 in ein größeres Gebäude in der Martin-Luther-Straße einziehen, ein altes Umspannwerk aus den 1920er Jahren. Eines ist sicher: Ihrer Kunst und ihrem Charme werden sie weiterhin alle Ehre machen. Allen Bierfans zum Wohl!

Adresse Martin-Luther-Straße 2, 81539 München (Obergiesing), Tel. 089/65114911, www.giesinger-braeu.de, E-Mail: info@giesinger-braeu.de | **ÖPNV** U 2, 7, Tram 15, 25, Haltestelle Silberhornstraße | **Öffnungszeiten** Mo – Fr 9 – 19 Uhr, Sa 9 – 13 Uhr

34 GötterSpeise

Pure Sünde, reines Glück

Eine göttliche Angelegenheit. Aphrodite würde hier im Kuchen mit jeder Menge Sahne schwelgen. Zeus bräuchte eher etwas Kräftiges, am besten 100 Prozent Schokolade. Und Hera würde sicherlich die Matcha-Schokolade guttun, damit sie wieder zu Kräften kommt. Hier wird genascht, was das Zeug hält, aber bitte mit Genuss und Stil.

Man sollte wissen, dass die GötterSpeise – für uns arme Menschenkinder – einer der gefährlichsten und gleichzeitig segensreichsten Orte der Stadt ist. Erstens weil sie so wahnsinnig sinnlich und schön eingerichtet ist. Auf den immer vollen Etageren liegen feinste Schokolädchen wie kostbare Edelsteine. Sahnig-bunte Macarons stapeln sich auf der Kühlvitrine, darunter flüstern selbst gemachte verführerische Tartes: Iss mich! Zweitens bleibt man hier immer hängen, auf ein Tässchen heiße Schokolade mit Chili, Kardamom oder Zimt oder einfach auf einen Cappuccino oder ein Gläschen selbst gemachten Eistee an der schönen Bar.

Drittens: Priti Sarah Henseler ist eine Magierin der schönen Dinge. Sie trägt den Experimentiergeist in sich und mag es bunt. Als sie den ehemaligen Gemüseladen 2002 übernahm, wollte sie einen Ort schaffen, der »üppig und barock ist« – und alle Sinne anspricht. Aus dem Gemüseladen entwickelte sich die Chocolaterie, die von Anfang an untypisch und einzigartig war. Heute finden hier Genießer erlesene Tees aus Fernost, französische Limonaden, Schokoladenbecher und Chai-Gläser. Und eben Schokolade in allen möglichen Variationen und dazu den passenden Wein oder inspirierende Literatur.

Die Wahlmünchnerin »sucht nach Perlen und setzt sie in den passenden Kontext«. Im Sommer sind eher leichte Geschmäcker gefragt – weiße Schokolade mit gerösteten Pistazien. Im Winter kommt die italienische dickflüssige Schokolade an. Für Allergiker gibt es vegane Schokolade. Die Hauptsache ist: Es muss gut schmecken. Wenn die Götter schwach werden, dann hier.

Adresse Jahnstraße 30, 80469 München (Ludwigs-/Isarvorstadt), Tel. 089/23887374, www.goetterspeise-muenchen.de, E-Mail: info@goetterspeise.info | **ÖPNV** U 1, 2, Haltestelle Fraunhoferstraße, Tram 16, 17, 18, Haltestelle Müllerstraße, Bus 132, Haltestelle Klenzestraße | **Öffnungszeiten** Mo–Fr 8–19 Uhr, Sa 9–18 Uhr

35 Goldvogerl

Schmuck, der beflügelt

»Ist das schön hier! So schöne Schaufenster, so schöne Deko! Ich komme bald zu Ihnen rein, damit Sie auch was davon haben«, ruft eine Dame begeistert der Goldschmiedin zu, während sie sich die Nase am Schaufensterglas plattdrückt. Kein Wunder: Die Ringe, Ohrhänger, Broschen, Manschettenknöpfe aus Silber und Gold, die auf uralten schwarzen Schieferplatten unter einem Mandarinenbäumchen liegen, besitzen eine magische Anziehungskraft, manche erinnern an ferne Zeiten.

Jedes Stück von Katl Uhmann ist ein Unikat und in seiner Machart außergewöhnlich. In ihrem Schwabinger Atelier mischt die versierte Gold- und Silberschmiedin die verschiedensten Materialien und begeht dabei bewusst Stilbruch. So zerlegt sie unterschiedliche Ketten und setzt sie anschließend neu zusammen. Dann werden alte afrikanische Steine und Perlen aus Elfenbein oder Gold aneinandergereiht, dazwischen schimmern mal Bernsteine oder Turmaline. Ringe werden nicht glattpoliert, sondern mit dezenten Ornamenten verziert. »Manchmal klopfe ich die Ringe nicht gerade, sondern lasse sie einfach krumm.«

Alles, was sie zu Schmuck verarbeitet, wirkt lebendig und plastisch. Hier ein Schmetterling, dort ein Vögelchen oder ein Vergissmeinnicht als Motiv; sie wirken zart, aber niemals kitschig oder überladen. Sehr oft verarbeitet Katl Uhmann auch von ihren Reisen mitgebrachten Schmuck zu neuen Kostbarkeiten.

In ihrer Ladenwerkstatt arbeitet sie mit verschiedensten Verfahren. Zu ihrer Lieblingstechnik zählt die »verlorene Form«: Im speziellen Gussverfahren mit Wachs und Gips kann sie filigrane Formen herstellen, die später Ringe oder Broschen zieren. Bei Eheringen fertigt sie Modelle an, damit die Kunden sie bereits Probe tragen können, bevor sie vor den Altar treten. Man sieht, dass sie ihre Arbeit liebt und die künstlerische Freiheit eines »Goldvogerls« genießt: wo Kleinode Flügel verleihen.

Adresse Hiltenspergerstraße 15, 80798 München (Schwabing-West), Tel. 089/46223090, www.goldvogerl.de, E-Mail: katl@goldvogerl.de | ÖPNV U 2, Bus 154, Haltestelle Josephsplatz | Öffnungszeiten Mi–Sa 10–16 Uhr

36_Hannibal

Männlich und zeitlos

Gentlemen aufgepasst! Hier lauert weder Anthony Hopkins in der Umkleidekabine, noch müssen Sie die Alpen überqueren. In diesem Laden können Sie ungestört schauen, anprobieren und werden unaufdringlich beraten. Hannibal steht für leger-funktionale Männermode, die zu jedem Anlass getragen werden kann und mit der *mann* immer gut angezogen ist. Hinter diesem jungen Label stecken Simon Hannibal Fischer und Yvonne Perner, zwei kreative Köpfe, die ganz ohne Allüren ihren eigenen Weg gehen. Bekannt sind sie deutschlandweit, in der Schweiz und in Österreich. Im Glockenbachviertel haben sie ihren Laden mit Atelier, in dem nicht nur die Schnitte für die Kollektion entstehen, sondern auch Maßanfertigungen entworfen und genäht werden.

Gepaart wird hier Avantgarde mit Funktionalität, Tragekomfort mit Raffinement. Die Hemden, Shirts, Anzüge oder Jacken sind manchmal wie ein Suchbild, auf dem witzige Details zu finden sind. Halb verdeckte Knopfleisten, asymmetrische Nahtführung, Hemden mit Kordelzug – aparte Hingucker. Besonders bestechend ist die Haptik. Das Label sucht gezielt nach natürlichen Materialien – im Sommer viel Leinen und Baumwolle, im Winter Wolle und Kaschmir, die den Kleidungsstücken eine gewisse »Tiefe« verleihen, gleichzeitig aber voll funktional sind. Bei der Winterkollektion wird mit Thermofutter aus dem Alpinbereich gearbeitet, damit die schmale Linie gewahrt wird. Aus geölt-gewachster Baumwolle aus Japan bestehen die schnittigen Jersey-Mäntel, die vor rauem Wetter schützen, ohne voluminös zu wirken. »Solche hochwertigen und innovativ-fortschrittlichen Stoffe zu finden, zählt zu den größten Herausforderungen.«

Diese Männermode steht geradezu jedem, der es ein bisschen individuell und puristisch mag. Simon Hannibal Fischer sieht die Sache pragmatisch. Die Mode sollte komfortabel sein, ohne plump zu wirken.

Bitte zur Anprobe, Gentlemen.

Adresse Holzstraße 11, 80469 München (Ludwigs-/Isarvorstadt), Tel. 089/74389606, www.hannibal-collection.com, E-Mail: yvonne@hannibal-collection.com | **ÖPNV** U 1, 2, 3, 6, 7, Tram 16, 17, 18, 27, 28, Haltestelle Sendlinger Tor | **Öffnungszeiten** Di–Sa 13–19 Uhr

37 HeimatPunk und Luxusbaba

Tischdecke trifft Kapuzenpulli

Heimatpunk und Luxusbaba – das sind zwei junge Frauen und zwei Mode-Labels, die Coolness und sozial-ökologisches Engagement zu vereinen wissen. In diesem Laden stecken 100 Prozent Individualität. »Luxusbaba« alias Simone Graber entwirft »junge Mode und legere Lieblingsstücke. Individuelles für den Alltag.« Jedes Teil ist ein Unikat. Der Clou: Aus aussortierten hochwertigen Textilien entstehen neue Anziehsachen. Aus secondhand mach neu: eine schicke Wintermütze mit Strickmuster aus einem weichen Woll-Pullover. Ein schnittiges Blumenkleid aus einem Damast-Betttuch. Ein Rock aus nostalgischen Tischdecken. Simone Graber entwirft sehr vor- und umsichtig, weil ihr solch ein Stoff »mit Geschichte« nur einmalig zur Verfügung steht. Das spiegelt auch ihren ökologischen Gedanken wider: Sie möchte damit »Sachen bewahren und zeigen, dass sie noch einen Wert haben«.

Ein Faible für volkstümliche Stoffe und soziale Ideen besitzt auch das Label »Heimatpunk« alias Laura Kröll. In ihren Kapuzenpullis steckt »eine Portion Heimat«. Mit dezenten Details aus alten und kostbaren Trachtenstoffen näht sie in ihre Streetwear ein Stück Heimatgeschichte hinein. Mal entsteht aus einer gestickten Tischdecke die Innenseite einer Kapuze, mal wird daraus ein Rock oder Kleid.

Parallel dazu startete Kröll ein T-Shirt-Paten-Projekt, bei dem sie eine prominente Persönlichkeit mit benachteiligten Menschen zusammenbringt und mit ihnen ein trendiges T-Shirt zum Thema Heimat und Integration designt. Ein ungewöhnliches Projekt, für das sie den Fußballprofi Jérôme Boateng oder den Sprayer Loomit gewinnen konnte. Die originellen T-Shirts sind dann bei Heimatpunk und Luxusbaba erhältlich.

Zwei Frauen, viele Ideen. Ein Laden für Individualisten und Visionäre. Ein Laden für junge Leute, die gern Coolness und Engagement in einem tragen. Heimat-Luxus eben.

Adresse Ligsalzstraße 27, 80339 München (Schwanthalerhöhe), Tel. 089/17102110, www.luxusbaba.de, www.heimatpunk.de, E-Mail: simone@luxusbaba.de, servus@heimatpunk.de | **ÖPNV** U 4, 5, Bus 53, 134, Haltestelle Schwanthalerhöhe, Bus 53, 133, Haltestelle Gollierplatz | **Öffnungszeiten** Mo – Sa 11–19 Uhr

38 Hofbräuhaus-Kunstmühle

Wo es noch nach Brot und Korn duftet

Ein Stück Geschichte zum Reinbeißen. Die historische Hofbräuhaus-Kunstmühle ist die einzige Mühle der Stadt und Umgebung, deren Mahlwerke sich noch täglich drehen. Betrieben wird sie von der Familie Blum in vierter Generation. Eine perfekte Ergänzung ist der kleine Mehlladen, in dem man hellhörig wird, wenn die Mühle gerade ruht. Geboten wird eine breite Palette an klassischen und ausgefallenen Mehlsorten: von Kamut- und Strudelmehl bis zu Dinkel und glutenfreien Mehlen. Nicht nur Einzelkunden kommen hier auf ihre Kosten. Beliefert werden auch Münchner Pizzabäcker und kleinere, traditionelle Bäckereien. Tatsächlich »eignet sich das Mehl nicht für maschinelle Massen-Herstellung, da es von den modernen Maschinen nicht verarbeitet werden kann«.

Eine Geschmacksprobe gibt die hauseigene Bäckerei. Einfach der Nase nach stolpert man eine Tür weiter in eine Backstube. Es duftet nach Butter und Brot. Die 2010 neu eingerichtete Hausbäckerei E. Knapp & R. Wenig knüpft an eine alte Tradition an, als noch vor 1900 in den Kellergewölben unter der Mühle gebacken wurde. So wird heute wieder nach alten Vorgaben und Rezeptbüchern aus dem Nachlass des Bäckermeisters Rudolf Wenig gearbeitet. Die Gebäcke aus der Zeit spiegeln sich in den historisch neu gestalteten Schaufenstern mit üppig gefüllten Körben wider. Hier gibt es sie noch: die Münchner Mundsemmel, Münchner Biergebäck, Münchner Schwarzbrot. Aber auch Plundergebäck aus zartestem Hefeteig.

In der Ruhe liegt das Aroma. »Wenn man langsam arbeitet, kann sich der Geschmack entwickeln, und das Brot wird bekömmlicher, weil weniger aggressive Treibmittel gebraucht werden.« Eine solche Backstube ist heutzutage eine Rarität, wenn man bedenkt, dass es in den 1960er Jahren an die 1.000 gab. Heute sind sie fast ausgestorben. Unbedingt probieren sollten Sie die Mohnplunder und das Münchner Schwarzbrot – hier schmeckt man die Geschichte.

Adresse Neuturmstraße 3, 80331 München (Altstadt/Lehel), Tel. 089/294222, www.hb-kunstmuehle.de, E-Mail: info@hb-kunstmuehle.de | **ÖPNV** S 1, 2, 3, 4, 6, 7, 8, 27, Tram 16, 18, Haltestelle Isartor | **Öffnungszeiten** Mo–Sa 10–18 Uhr (Mehlladen); Mo–Sa 7.30–19 Uhr (Bäckerei)

39_Holz-Leute

Alles aus Holz

Ungelogen: Bei Holz-Leute ist wirklich alles aus Holz! Wer meint, es handele sich hier um ein leeres Werbeversprechen, der hat sich geschnitten. Hier finden Sie kein Plastik, kein Holzimitat, sondern Holz pur.

Ob Schalen, Schneidebretter oder Brettspiele aus der robusten Kirsche, Schachfiguren und mit Intarsien verzierte Schachbretter aus dem schweren Buchsbaumholz oder anschmiegsame Bürsten und Besen aus der wertvollen Birne: Die schönen Dinge für Küche, Bad und Wohnzimmer bestechen nicht allein durch die edle Optik, sondern auch durch ihren praktischen Wert. An der hochwertigen Auswahl an Rasierpinseln mit feinem Silberspitzhaar hätte selbst James Bond seine Freude.

Bei der vielseitigen Messerauswahl drücken wir ein Auge zu. Vom bayerischen Brotzeit- und Lederhosenmesser bis zum original französischen Laguiole: Diese scharfen Instrumente wecken den Jagdinstinkt und die Abenteuerlust und lassen die Herzen der Männer höher schlagen.

Wer Holz liebt, der will seine wertvollen Eigenschaften nicht missen. Holz-Leute bleibt in seiner Auswahl und Vielfalt europaweit einzigartig. Die Tradition reicht 140 Jahre zurück: 1873 wurde der Drechslerbetrieb »Holz Leute« in München gegründet. Darin stecken eine Menge Erfahrung und Beständigkeit. Heute liegt alles in den Händen des Geschwisterpaars Stephanie Strobl und Florian Fackler, die vor wenigen Jahren den Familienbetrieb übernahmen.

Sie achten auf regionale Zusammenarbeit und kooperieren mit kleinen Drechslerbetrieben, die vorwiegend in Bayern produzieren. Das Holz stammt manchmal aus dem Nachbarsgarten und grundsätzlich aus Europa. Häufig wird im Rhythmus der Natur produziert: »Was der Drechsler hat, so kommt's.« Da weiß man dann, was man hat: ein unverfälschtes Stück Natur.

Adresse Viktualienmarkt 2, 80331 München (Altstadt), Tel. 089/268248, www.holz-leute.de, E-Mail: info@holz-leute.de | **ÖPNV** S 1, 2, 3, 4, 6, 7, 8, 27, U 3, 6, Bus 52, Haltestelle Marienplatz, Bus 52, 62, Haltestelle Viktualienmarkt | **Öffnungszeiten** Mo–Fr 10–19 Uhr, Sa 10–18 Uhr

40_Die Hosenträgernäherei auf der Auer Dult

So etwas gibt's nur in München

Er lebt von einem Artikel, an dem sich die Geister scheiden: Dieser kleine Laden mit Nähwerkstatt, der sich aus einem Stand auf der Auer Dult entwickelt hatte, bleibt in seiner Auswahl einzigartig. Wer hier den Kopf reinsteckt, wird zunächst von Unmengen an elastischen Bändern in den verschiedensten Farben und Mustern überwältigt. Ein Blick auf die zwei alten Nähmaschinen – eine für Lederteile, eine für die Bänder – verrät: Hier werden Hosenträger nach Maß angefertigt – sportlich bis elegant.

Egal ob Tupfen oder Rauten, ob Garten- oder Tiermotive; es ist müßig, all die Muster aufzuzählen. Zu den Klassikern zählen die Bänder mit den Edelweißen oder die Stresemann-Hosenträger mit Streifen. Doch wichtiger als die Optik ist der perfekte Sitz. Rutschen und scheuern darf der Hosenträger auf gar keinen Fall.

Hinter den zwei Nähmaschinen sitzt Friederike von der Gönna. Sie kam zur Hosenträgernäherei wie die Jungfrau zum Kinde. Als Schülerin jobbte sie auf der Auer Dult und übernahm dann 1982 den Stand mit Hosenträgern. Das Nähen hatte sie damals von ihrer Oma gelernt. Um zu wissen, wie so ein Hosenträger funktioniert, zerlegte sie ihn und fügte die Gummibänder, Lederschlaufen und Metallklammern wieder zusammen.

Die Auer Dult ist ihre Leidenschaft geblieben. Darüber hinaus öffnet sie jeden Mittwochnachmittag ihre Werkstatt. Ein Hosenträger ist in etwa zehn Minuten fertig. Da lohnt es sich, zu warten und zuzuschauen. Zu ihrer treuesten Kundschaft zählen Handwerksleute, neben Theatern, Vereinen und Müttern mit Kindern. Natürlich gibt es da noch die absoluten Liebhaber und Liebhaberinnen, für die ein Gürtel nicht in Frage käme, sei es aus ästhetischen oder medizinischen Gründen. Mit den Hosenträgern sei es so wie mit vielen Dingen im Leben: »Entweder man liebt sie oder man hasst sie.«

Adresse Oefelestraße 3, 81543 München (Untergiesing), Tel. 089/6517862, www.hosentraegernaeherei.de, E-Mail: info@hosentraegernaeherei.de | **ÖPNV** U 1, 2, 7, Tram 27, Bus 58, Haltestelle Kolumbusplatz | **Öffnungszeiten** nur Mi 14–18 Uhr

41 Hubertus Filz und Loden Manufaktur

Wenn der Berg ruft und die Gartenbank drückt

Heiliger Hubertus, Schutzpatron der Jäger! Nein, keine Sorge, hier werden Sie weder gefilzt noch in die Berge gejagt. Im Gegenteil, bei Hubertus werden Sie aufs Freundlichste empfangen und beraten. Und staunen, ja, das dürfen und sollten Sie! In diesem kleinen Geschäft hinter dem Viktualienmarkt finden Sie Filz und Loden in Hülle und Fülle. Vom bunten Filzstoff und verschiedenen Wohnaccessoires bis zur Wander- und Jägersmannausrüstung.

Praktisch sind die Rucksäcke aus leichtem Loden in diversen Ausführungen, mit ausgebufften Details und mit eingelegtem Sitzkissen, genauso wie Wetterflecken, Lodenmäntel aus feinster Merinowolle oder urige Filzhüte für den Ganzkörperschutz. Die Jäger kommen hierher wegen Gewehrhüllen oder winddichten Überhosen. Und damit es der vierbeinige Waldi auch gut hat, gibt es hier Hundelager, Hunderucksäcke, Hundedecken und Hundemäntel aus Filz. Schaut nicht nur chic aus, sondern ist schmutzfeindlich, atmungsaktiv und temperaturausgleichend. Dass hier auch bei Hunden die Maße abgenommen werden, versteht sich fast schon von selbst. Und dass alles vorher persönlich vom Chef Hubert Müller-Bauer und Freunden im »Testhütterl« hinterm Tegernsee auf »Herz und Nieren« geprüft wird, ist Ehrensache.

Das historische Material ist nicht nur funktional, sondern auch schön. Das zeigen die farbigsten Sitzunterlagen aus Walkfilz für Stühle und Bänke, die auch nach Maß angefertigt werden. Den modernen Zeiten angepasst sind dann stoßdämpfende Laptop- und iPad-Hüllen. Filz bleibt bis heute ein Faszinosum.

Eine Schafherde würde sich bei Hubertus wohlfühlen. Hier wird ausschließlich 100 Prozent Schafswolle verarbeitet: Leichtloden, Tuchloden aus feiner Merinowolle und Gebirgsloden aus etwas gröberer Wolle von Schafen aus der Alpenregion. Produziert wird ausschließlich in der Manufaktur in Lößnitz. Dem heiligen Hubertus sei Dank!

Adresse Blumenstraße 3, 80331 München (Altstadt), Tel. 089/24203866, www.hubertus-shop.de, E-Mail: laden@hubertus-gmbh.de | ÖPNV S 1, 2, 3, 4, 6, 7, 8, U 3, 6, Haltestelle Marienplatz | Öffnungszeiten Di – Fr 10 – 13 & 14 – 18 Uhr, Sa 10 – 16 Uhr

42_Ida's Milchladen

Am liebsten dreimal täglich

Als in München langweilige Butterbrote und Wurstsemmeln symptomatisch für die bayerische Brotzeitlandschaft waren, beschloss Ida Eppinger: Salat muss her! Das war Ende der 1970er Jahre, und alle haben ihr davon abgeraten. Ida – wie sie von allen genannt wird – folgte ihrem Instinkt und eröffnete einen der ersten Imbissläden in München mit Salaten, Eintöpfen und Sandwiches. Ihre Idee schlug ein wie eine Bombe, nach vier Wochen schrieb Ida's Milchladen schwarze Zahlen.

Für die damaligen Verhältnisse reiste die junge Münchnerin viel. Statt kitschiger Souvenirs brachte sie neue Rezeptideen mit: aus Griechenland den Bauernsalat, aus Bali köstliche Saft-Smoothies, aus Frankreich die Quiche.

Nicht wegzudenken sind ihre Klassiker wie »Ida's Party Nudelsalat mit Mayo«, hausgemachte Fleisch- und Grünkernpflanzerl oder die Nachspeisen, die an unsere Kindheit erinnern: Milchreis, Pudding, Kaiserschmarrn. »Die Geschmäcker bleiben immer die gleichen.«

Um sechs öffnet sie die blauen Pforten und bereitet alles frisch zu. In der Früh stärken sich schon die Schwarzen Sheriffs oder die Bauarbeiter mit Spiegeleiern oder Croissants. Mittags gibt es dann auch zwei warme Gerichte und eine phantastische Süßspeisenauswahl. Manche Menschen kommen sogar dreimal täglich zu ihr. Was nicht mehr am nächsten Tag verkauft werden kann, gibt Ida kurz vor Ladenschluss an die Obdachlosen weiter.

Mit ihren beiden Söhnen Michael und Martin schmeißt Ida unermüdlich den Laden, der bis heute unverändert geblieben ist, und bietet auch noch Partyservice an. Sie ist eine Münchner Institution, steht gern mit Rat und Tat zur Seite und ist Gastronomin, Psychologin und Ratgeberin in einem: »Bei mir geht es nicht nur ums Essen, ich helfe gerne.« Ida liebt die Menschen, und die Menschen lieben sie: »Mein Laden ist mein Hobby. Und wenn es ein Hobby ist, dann steckt viel Liebe drin.« Die ist niemals einfallslos.

Adresse Kreuzstraße 23, 80331 München (Altstadt/Lehel), Tel. 089/263925, www.idasmilchladen.de, E-Mail: michael@idasmilchladen.de | **ÖPNV** U 1, 2, 3, 6, 7, Tram 16, 17, 18, 27, 28, Haltestelle Sendlinger Tor | **Öffnungszeiten** Mo – Fr 6 – 16 Uhr

43_Isis Basar

Wenn Prinzessinnen tanzen

Gastfreundschaft auf Ägyptisch. Zur Begrüßung wird orientalischer Kaffee serviert, mit ein bisschen Zucker und einem Hauch von Kardamom. Da kommt sie schon, die schöne Scheherazade. Barbara Matzner berät die Kunden und beherrscht den Bauchtanz mit Leichtigkeit – gleich gibt sie eine Kostprobe.

Der orientalische Tanz – »raks sharki«, wie er auf Arabisch heißt – zeichnet sich durch geschmeidige Bewegungen aus. Das, was so leicht und schmiegsam aussieht, verlangt Training und ist ein Wechselspiel zwischen absoluter Körperbeherrschung und Loslassen. Das Vibrieren von Brust und Hüften – der sogenannte Shimmy – ist fleißige Arbeit im Oberkörper-, Hüft- und Beinbereich.

»Man muss plötzlich Körperteile in eine Richtung bewegen, die man gar nicht kannte.« Dabei strafft man den ganzen Körper und stärkt die Rückenmuskulatur. Wer tanzt, fördert aber auch die Koordination und schmeichelt dem Gemüt. »Eine Frau, die tanzt, hat eine andere Haltung und wirkt selbstbewusst.«

Der orientalische Tanz hat eine 1.000-jährige Tradition und stammt aus Ägypten. Seit über 20 Jahren schafft Saif Fetih mit Isis Basar eine Brücke zwischen Orient und Okzident. Es ist die beste Adresse für professionelles Zubehör in Tanzsportqualität, das auch durchtanzte Nächte aushält. Die meisten Sachen werden in der eigenen Werkstatt in Ägypten hergestellt.

In leuchtenden Tönen schimmern die Hüfttücher, Schleier, Röcke, Hosen. Leuchtende Töne sind die Farben des Orients – als Kontrast zur eintönigen Wüste. Das wichtigste Utensil ist das Hüfttuch. Es betont die Hüfte, und die Münzen sind »eine akustische Hilfe für Anfänger«. Egal ob schüchtern oder temperamentvoll – es tanzt jede, wie es zu ihr passt. Der letzte Irrtum zum Schluss: Man braucht keinen Bauch, um den Bauchtanz zu tanzen. »Jede Tänzerin entfaltet ihren persönlichen Stil.« Mal tanzt sie mit Power, mal zurückhaltend, »mal süß, mal feurig«. Prinzessinnen, das sind wir im Innersten alle.

Adresse Albert-Roßhaupter-Straße 9, 81369 München (Obersendling), Tel. 089/291409, www.isis-basar.de, E-Mail: info@isis-basar.de | **ÖPNV** U 6, S 7, 27, Haltestelle Harras, Bus 53, 54, 132, 134, Haltestelle Am Harras | **Öffnungszeiten** Mo 11–18, Di, Mi, Fr 11–19, Do 11–19.30 Uhr, Sa 11–16 Uhr

44_Japanalia

Hier dürfen Sie die Schuhe anlassen

Japanalia, das ist mehr als nur ein Laden. Es ist eine Verneigung vor alter japanischer Tradition und vermittelt schon rein innenarchitektonisch das asiatische Wohngefühl. Auf engstem Raum finden wir alles, was mit dem Lifestyle und der Wohnkultur Nippons zu tun hat. Wahre Schätze hüten die verschiedenen Kammern, in die der Laden aufgeteilt ist. Einen zarten Vorgeschmack bieten Kleinigkeiten wie Teeschalen und Pinsel für den Machatee, Sushizubehör, Ikebana-Vasen für die Blumensteckkunst, Bonsaischeren, Origami, Stoffe, Kimonos und vieles mehr, bevor es weiter zu den Möbeln, Lampen und Kalligrafien geht. Fast jeder Gegenstand hat Symbolcharakter und ist Teil eines Rituals oder einer Kunstdisziplin.

Vor mehr als 30 Jahren eröffnete Denise Poullirsch ihren Laden in Schwabing, der zunächst vorwiegend auf Lackmöbel spezialisiert war. Ihre heutige Auswahl besticht durch die enorme Vielfalt. Wahre Eyecatcher sind die japanischen Porzellanpuppen und die Tanzus, antike japanische Kommoden – alles Originale.

Das japanische Wohndesign zeichnet sich durch reine und klare Formen aus. Der japanische Wohnraum wurde früher nach bestimmten Regeln gestaltet. Einer der Gründe war, dass eine Familie meist einen einzigen Raum bewohnte. Damit dies gelingen konnte, gab es Rituale. Eines der bekanntesten war das Ausziehen der Schuhe vor dem Betreten des Raumes, damit der Schmutz draußen blieb. Klar, denn der ganze Raum war vollständig mit Tatami, einer Strohmatte, ausgelegt. Zum Schlafen wurden dort Futons ausgerollt. Zaisus, japanische Bodenstühle und Tische, verwandelten ihn wieder zum Wohn- und Esszimmer. Daher sind die Wohnmöbel meist aus Magnolienholz und ultraleicht, um transportabel zu sein. Wer die japanische Wohnkultur nachempfinden möchte, wird bei Japanalia fündig und exzellent beraten.

Eine Hommage an die asiatische Ästhetik und den Purismus: Japanalia – das ist Japanmania.

Adresse Herzogstraße 7, 80803 München (Schwabing), Tel. 089/349454, www.japanalia.de, E-Mail: info@japanalia.de | **ÖPNV** U 3, 6, Tram 23, Bus 53, 54, 142, 144, Haltestelle Münchner Freiheit | **Öffnungszeiten** Mo–Fr 10–18.30 Uhr, Sa 10–16 Uhr

45 Jewelberry

Angebandelt

Zarte Hingucker: Sternschnuppen fallen vom Himmel, und Träume in Softeisfarben tanzen an seidenen Schnüren. Bei Jewelberry geht es leicht und luftig zu. Hier flattern schillernde Libellen und filigrane Schwalben, Schmetterlinge, Kolibris, rascheln unhörbar feine Blätterornamente, leuchten Sterne, Federn, Herzen, mal versilbert, mal vergoldet. Bei Jewelberry im Reichenbach-Viertel gibt es die begehrten Ketten, Glücksbändchen, Ohrringe und Ringe mit glitzernden Amethysten, Iolithen, Korallen, Kügelchen, Leder und Seide, die sich an Anhängern oder auf Satinbändern reihen – auf Wunsch sogar als Unikate. Alle diese hübschen Schmuckstücke, die anmuten wie aus einem Feenland, sind eigene Kreationen der beiden jungen In-Designerinnen Margarita Turtureanu und Lily Sielaff – und dennoch erfreulich preiswert.

Es kommt noch besser: Sollte jemand eine gute Portion Glück brauchen, und zwar mitten in der Nacht, kann er sich verschiedene Glücksbringer aus der Jewelberry-Box ziehen. Das sind tatsächlich alte Kaugummi-Automaten, nur kommen hier keine Naschereien, sondern Schmuck aus den Selbstbedienungs-Boxen. Damit die Wege nicht so weit werden, sind gleich fünf der bunten Automaten über München verteilt.

Aber nicht nur Spaß gibt es bei Jewelberry, auch Gutes zu tun sieht hier gut aus: Der Erlös ausgewählter Armbändchen geht an die Organisation Alma Terra e.V., die Sport- und Spielplätze für Kinder in Krisengebieten baut.

Die in Bulgarien geborene Schmuckdesignerin Margarita Turtureanu studierte an der Akademie der Bildenden Künste in München. Vor acht Jahren gründete sie ihr Schmucklabel Jewelberry, das einschlug wie eine Zuckerbombe. Nur drei Jahre später brummte der Laden derart, dass Lily Sielaff dazustieß. Zweifellos: Nicht nur die verspielten Schmuckstücke, sondern auch die beiden Inhaberinnen des Ladens sind eine Augenweide.

Adresse Utzschneiderstraße 10, 80469 München (Ludwigs-/Isarvorstadt), Tel. 089/13937192, www.jewelberry.de, E-Mail: info@jewelberry.de | **ÖPNV** S 1, 2, 3, 4, 6, 7, 8, U 3, 6, Bus 52, Haltestelle Marienplatz, Tram 16, 18, Haltestelle Reichenbachplatz | **Öffnungszeiten** Mo – Fr 11–19 Uhr, Sa 12–18 Uhr

46 Karusa

Regal frei für Selbstgemachtes

Avanti! Wenn Jessica Arndt in ihrer knallroten Ape vom Norden in den Süden Münchens zur Arbeit flitzt, drehen sich viele nach ihr um. Auf dem Blechschild steht in Großbuchstaben »KARUSA«. Verlassen wir Italien und machen einen Abstecher nach Untergiesing in einen Laden, in dem lauter Regale aus Stahl stehen. Karusa ist kein gewöhnliches Geschäft mit ebenso gewöhnlichem Sortiment, aber Jessica Arndt ist schließlich auch keine gewöhnliche Ladenbesitzerin. In erster Linie bietet sie leere Regale an. Was dann hineinkommt, entscheiden die Kunden selbst, wenn sie bei ihr eine Regalfläche mieten.

Die beste Lage befindet sich auf Augenhöhe. Wobei es laut Jessica Arndt keine Rolle spielt, welche Lage man mietet; wichtig ist, dass das Produkt überzeugt.

Die Vielfalt kennt hier keine Grenzen. Hauptsache, die Sachen sind selbst gemacht oder gebraucht. Mit diesem Ladenkonzept liegt die junge Geschäftsführerin – die selber handwerklich begabt ist – im Trend. Hochwertige Handarbeit steht hoch im Kurs. Weil aber nur die wenigsten sich einen eigenen Laden leisten können, bietet Karusa denjenigen eine Chance, die gerne nebenberuflich Mützen stricken, Kindersachen nähen, Bilder malen oder Bücher schreiben.

Mit Karusa hat sich die engagierte Frau einen Traum erfüllt und kann tagtäglich ihre Ideen und Pläne verwirklichen. Ursprünglich kommt sie aus der Textilindustriebranche, was sich bei ihrem neuen Ladenkonzept auszahlt. Bevor sie ein Regal vermietet, berät sie ihre Kunden, wie sie ihren Preis gestalten könnten, was hinein darf, was nicht. Auch für ihren Laden gelten die handelsüblichen Vorschriften wie Hygiene- oder Markenschutz. Am Abend steigt sie wieder in ihr italienisches Dreirad und fährt beflügelt nach Hause, mit dem Gefühl, etwas Sinnvolles getan zu haben.

Adresse Humboldtstraße 6, 81543 München (Untergiesing/Harlaching), Tel. 089/61466424, www.karusa.de, E-Mail: info@karusa.de | **ÖPNV** U 1, 2, 7, Tram 27, Haltestelle Kolumbusplatz, Bus 58, Haltestelle Claude-Lorrain-Straße, Bus 52, Haltestelle Humboldtstraße | **Öffnungszeiten** Di–Fr 11–19 Uhr, Sa 11–15 Uhr

47 Die Käsemaus

Reifeprüfungen

Sesam öffne dich. Wer den kleinen Laden von Ivonne Schulz betritt, kommt direkt ins Käseparadies. Nach zehn Jahren Verkaufstätigkeit im Käse- und Feinkosthandel reifte die Idee eines eigenen Geschäfts langsam heran wie guter Käse. »Irgendwann kam ein Punkt im Leben, da wusste ich: jetzt oder nie. Das war vor sechseinhalb Jahren.«

Fündig wurde sie in Neuhausen. Das Geschäft liegt mitten im gewachsenen Viertel und hat sich den nostalgischen Charme eines Krämerladens bewahrt. 50 Jahre lang war dort eine Schusterei zuhause. Mit der Käsemaus wird die Tradition der alteingesessenen Läden fortgesetzt.

Außergewöhnlich sind die Auswahl der über 100 Käsesorten und die fair kalkulierten Preise. Neben der Fachkompetenz des Teams trägt aber vor allem die menschliche Komponente dazu bei, dass die zahlreiche Stammkundschaft dort mit Begeisterung einkauft. »Unsere Kunden spüren, dass wir nicht nur verkaufen, sondern mit dem Herzen dabei sind.«

Ein Laden, wie es ihn früher gab. Man grüßt sich mit Namen, hält einen nachbarschaftlichen Plausch, und wer mag, bekommt zu jedem Käse eine Geschichte erzählt. Um zu verstehen, wie weit bei Ivonne Schulz die Liebe zum Käse geht, muss sich nur folgende Begebenheit vorstellen: »Eine Kundin wollte einen speziellen Käse. Der war zwar vorrätig, hatte aber noch nicht den perfekten Reifegrad. Ich habe mich deshalb geweigert, den Käse zu verkaufen.« Die Dame ist nun Stammkundin.

Neben Käse gibt es hausgemachte Kuchen und Salate. Das Brot kommt vom Biobäcker Neulinger. Unbedingt probieren sollte man den sauren Semmelknödelsalat und würzigen Obatzden. Für den Comté aus der kleinen Straßburger Käserei Tourette pilgern Franzosen aus allen Stadtteilen zur Käsemaus. René Tourette gehört zu Frankreichs besten Käsemeistern und beliefert sonst nur gehobene Gastronomiebetriebe. Für Ivonne Schulz macht er eine Ausnahme – der Ritterschlag fürs Käseparadies.

Adresse Schulstraße 23, 80634 München (Neuhausen), Tel. 089/18957859 | ÖPNV U 1, 7, Tram 12, Bus 62, Haltestelle Rotkreuzplatz, Bus 53, 133 Haltestelle Schlörstraße | Öffnungszeiten Mo – Fr 9 – 18.30 Uhr, Sa 8 – 13 Uhr

48 Der kleine Knurrhahn

Ein Happy End für die ganze Familie

Bloß keinen Stress. Schuhe für kleine Kinder zu kaufen ist oft ein aufwendiges Projekt. Zunächst einmal muss man die Kleinen bei Laune halten, dann müssen die Schuhe perfekt passen, robust sein und möglichst auch das Auge nicht beleidigen. Diese schwierige Operation gelingt dem kleinen Knurrhahn spielend; am Schluss geht die ganze Familie wunschlos glücklich und ohne jegliches Knurren nach Hause.

Der gut sortierte Laden liegt in einem grünen Schwabinger Hinterhof. Das Plätschern eines Springbrunnens und die Spielsachen schaffen eine kleine Oase. Hier schaltet man automatisch in den Entspannungsmodus. Auf einer Holzbank vor dem Laden kann man zuerst ausschnaufen, bevor es in die Schuhschlacht geht. Da freundliches und fachkundiges Personal allen Beteiligten sofort zur Seite steht, bleibt das sonst schon einmal vorprogrammierte Chaos meist aus. Ganz entspannt können sich die Eltern umschauen, bevor dann die Kinder mehrere Schuhe anprobieren.

Hier gibt es Schuhe in den Größen 19 bis 40 von gängigen und auch ausgefallenen Marken. Zweimal im Jahr trifft Claudia Deby mit ihrer Bestellung für Sommer und Winter die Vorauswahl und achtet in erster Linie auf die Passform der Schuhe, ohne dabei die Optik außer Acht zu lassen. Mit ihren eigenen drei Kindern sammelte sie ihre Erfahrungen und empfiehlt bis heute hochwertige Materialien wie Leder und Kautschuk. Für die Anprobe nimmt sie sich mit ihrem Team besonders viel Zeit und Geduld. Hier weiß man ganz genau, wie welches Modell ausfällt und empfiehlt darum auf Anhieb den richtigen Schuh. Wer hier einmal war, kehrt immer wieder zurück, denn einen solchen Service kann das Internet nicht ersetzen. Und damit es auch nirgends drückt, ist es möglich, bis zu fünf Paar Schuhe zum Anprobieren nach Hause mitzunehmen. Da kann nichts mehr schiefgehen. Ein Happy End mit glücklichen Füßen.

Adresse Adalbertstraße 12 (Innenhof), 80799 München (Maxvorstadt), Tel. 089/38799709, www.kleinerknurrhahn.de, E-Mail: info@www.kleinerknurrhahn.de | **ÖPNV** U 3, 6, Haltestelle Universität | **Öffnungszeiten** Mo–Fr 10–18 Uhr, Sa 10–14 Uhr

49 Koko von Knebel

Every dog is a star

»Just Pink. Traveltime. Beach & Swimming. Presents & Jewelry«... Eine extravagante Boutique für modebewusste Damen und deren ausgefallene Accessoires? Keineswegs. Was sich hinter solchen Kategorien verbirgt, ist ein Fashion-Laden für »den stilbewussten Vierbeiner«. Hier werden echte »Hot Dogs« gemacht. Was bis vor Kurzem noch undenkbar erschien oder allenfalls wie eine Ami-Marotte, wird auch hierzulande langsam, aber sicher der letzte Schrei: Frauchen und Herrchen kleiden ihre Lieblinge nahezu wie Menschen ein.

Zunächst einmal die Mode fürs Dekolleté: Wer etwa auf der Suche nach einem Halsband für Fiffi ist, wird sein blaues, rosafarbenes oder kunterbuntes Wunder erleben. Hinter drei Türen an der Wand verbergen sich nämlich hunderte von Halsbändern in allen Formen und Farben: Die erste Tür ist für die ganz Kleinen vom Typ Chihuahua, die zweite Tür hat die passenden Größen für die Mittelgewichte wie Pudel, die dritte Tür bietet erstaunliches Zubehör für große und Riesenhunde. Hier fühlen sich etwa Schäferhunde oder der Irische Wolfshund magisch angezogen

Viele Lederhalsbänder sind mit funkelnden Glitzersteinen und leuchtenden Nieten in Gold oder Silber verschönert. Solche Schmuckstücke kommen bei Koko von Knebel aus aller Welt – USA, London, Paris, Mailand oder Tokio. Eine herrliche Qual der Wahl für hundemodisch ambitionierte Zweibeiner. Damit nicht genug, denn es gibt noch viel mehr: das Trachten-Geschirr zum Oktoberfest, T-Shirts, Sweater, Mäntel und Frühlingshütchen nicht zu vergessen. Weiter geht es mit Quietsche-Entchen, Fellknochen, Borstenschweinen mit Original-Tierstimme oder knallbunten Schwimmwesten – natürlich aus den USA.

Dass Koko von Knebel bei uns Hundeliebhabern einen Nerv getroffen hat, zeigen die Dependancen in vielen großen deutschen Städten. Hinzu kommen Artikel in über 60 Hochglanzmagazinen. Immer nach dem Motto: »every dog is a star.«

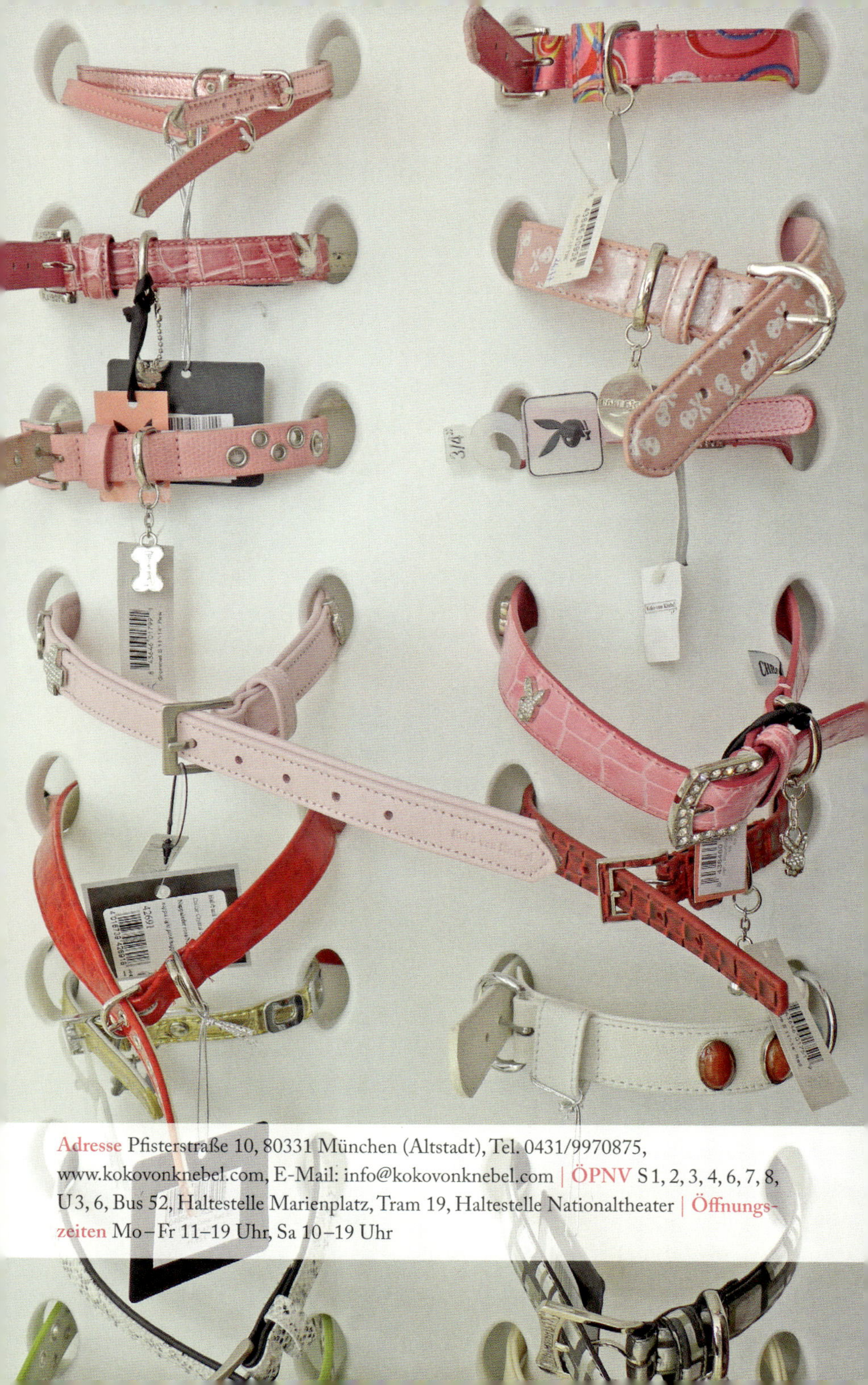

Adresse Pfisterstraße 10, 80331 München (Altstadt), Tel. 0431/9970875, www.kokovonknebel.com, E-Mail: info@kokovonknebel.com | ÖPNV S 1, 2, 3, 4, 6, 7, 8, U 3, 6, Bus 52, Haltestelle Marienplatz, Tram 19, Haltestelle Nationaltheater | Öffnungszeiten Mo–Fr 11–19 Uhr, Sa 10–19 Uhr

50 Konditorei H. Erbshäuser

Schicht für Schicht ein Gedicht

Was dem Wiener die Sacher, das dem Münchner die Prinzregententorte. Beide Torten werden häufig kopiert. Wohl nicht nur, weil sie so unnachahmlich gut schmecken, sondern weil sie auch eine Geschichte erzählen.

Das süße bayerische Konditoren-Denkmal kann man bis heute im Café Erbshäuser genießen. Die Geburtsstätte der Prinzregententorte. Hier wird die Geschichte folgendermaßen erzählt:

»Im Jahre 1886 kreierte Heinrich Georg Erbshäuser anlässlich des Geburtstages des Prinzregenten Luitpold, Nachfolger von König Ludwig II., eine Torte. Der Meister fügte sieben dünne, mit Schokoladencreme verbundene Biskuit-Teiglagen zu einem wahrhaft königlichen Backwerk aufeinander. Seine sieben Schichten standen für jene sieben Kreise, die zusammen das Königreich Bayern bildeten. Das Ganze überzog er mit einem speziellen Fondant-Schokoladenguss.« Und erschuf damit eine berühmte Torte, die in einer Holzschachtel sogar über den Ozean in die Ferne verschickt wird.

Doch am schönsten ist es, sie vor Ort zu genießen. Die Konditorei Erbshäuser hat sich bis heute den Charme eines nostalgischen Kaffeestüberls ohne modernen Schnickschnack bewahrt. Noch immer wird die Torte in der Backstube des Cafés nach alter Rezeptur hergestellt. Eine aufwendige Kreation, denn jede Biskuit-Lage wird einzeln gebacken! Das Backen, Schichten, Abkühlen und Bestreichen braucht seine Zeit. Aber wenn dann die Buttercreme auf der Zunge zergeht…

Jeden Tag liegt das süße Schmuckstück in der Kühlvitrine neben anderen cremigen Köstlichkeiten. Ganz bescheiden steht auf einem Pappschild »Original Prinzregententorte«. Auch die anderen Kuchen werden vorwiegend nach alten Rezepturen gebacken. Natürlich kann man sie auch für bestimmte Anlässe bestellen.

Wer sich mit einem Stück Prinzregententorte im Café niederlässt, sollte kurz die Streifen nachzählen: Es sind noch immer sieben. Schicht für Schicht ein Muss.

Adresse Glückstraße 1, 80333 München (Maxvorstadt), Tel. 089/284429, www.erbshaeuser.de, E-Mail: bestellung@erbshaeuser.de | **ÖPNV** U 3, 4, 5, 6, Haltestelle Odeonsplatz, Bus 100, Haltestelle Von-der-Tann-Straße | **Öffnungszeiten** Mo–Fr 7.30–18 Uhr, Sa 11–18 Uhr, So 12–18 Uhr

51 Korbmacherwerkstatt Susanne Thiemann

Gib mir einen Korb!

Verflochten und zugenäht. Ein solches Flechtwerk sieht man nicht alle Tage. An den Wänden hängen Stuhlflechtrohr aus Rattan und Fäden aus Weidenschienen. Allerlei Stühle aus unterschiedlichsten Epochen warten bei Susanne Thiemann auf ihre Verschönerung. Die meisten haben eckige, runde oder ovale Sitzflächen aus klassischem Wiener Geflecht. Rustikale Landhausstühle ziert das Binsengeflecht aus gedrehter Binse. Restauratoren und Schreiner sind ihre ständigen Begleiter. Doch das ist nicht alles. Das Flechten von Körben aus Weide gehört zu den weiteren Kunstfertigkeiten der Kielerin. Mit der Zeit machte sie ihr Handwerk zu Kunst und flicht nun anschmiegsame Flechtinstallationen in allen möglichen Farben und aus unterschiedlichsten Materialien.

Das Schöne an der Korbflechterei: Sie zählt zum ältesten Handwerk der Menschheitsgeschichte, »schon immer versuchte der Mensch, Pflanzenfasern zu flechten«, angefangen bei den Behausungen, aber auch Alltagsgegenstände wie Körbe. So wird überall auf der Welt aus den heimischen Materialien geflochten. Viel Effekt mit wenig Werkzeug. Mit Schere, Messer, Pfriemen, Schlageisen und Zange kann man überall auch auf der Straße zu Werke gehen. So wie etwa noch in Asien.

Als Frau ist Susanne Thiemann eine einsame Mohikanerin in der Korbflechterei. Sie fühlte sich schon in jungen Jahren zum Handwerk hingezogen. Aus dem Norden verschlug es sie in den Süden, wo sie in Rosenheim eine Lehre machte. In München setzte sie sich dann nieder und ist geblieben. Durch die Stühle hat ihr Laden eine Überlebenschance. Denn es wird noch lange dauern, bis der Mensch auf keinen Stühlen mehr sitzt. Das Wiener Geflecht hat bis heute seinen Charme nicht verloren. Und auch wenn in den 1960er Jahren Fertiggeflechte ins Spiel kamen: Die handgeflochtenen Möbel bleiben robuster und überleben womöglich Generationen. Da nimmt man den Korb gerne in Kauf.

Adresse Kreittmayrstraße 18, 80335 München (Maxvorstadt), Tel. 089/526200, www.flechtworks.de, E-Mail: susanne.thiemann@flechtworks.de | **ÖPNV** U1, 7, Haltestelle Stiglmaierplatz, Tram 20, 21, 22, Haltestelle Sandstraße | **Öffnungszeiten** Mo–Fr 9–13 & 15–18 Uhr

52 Kostümverleih Breuer

Spieglein, Spieglein an der Wand

Warum lieben es die Menschen, sich zu kostümieren? Ganz einfach: Sie leisten sich auf diese Weise eine vorübergehende, flatterhafte und doch zeitlose zweite Identität, die sie hinterher wieder an der Garderobe abgeben können, ohne dass ihr temporäres Doppelleben Spuren hinterließe. Leiht man sich, was man trägt, lediglich, raubt das Kostüm nicht einmal Platz im Kleiderschrank.

Wer auf diese Art fremdleben möchte, ist bei Kostümverleih Breuer bestens aufgehoben: Eine riesige Auswahl an Kostümen aller Stile und Epochen erwartet die erstaunte Kundschaft. Ob Sie nun mit Ihren Kindern Winnetou spielen, im Abba-Kleidchen tanzen, als Anti-Terror-Einheit ausschwärmen, als Bajazzo lachen, als Biene Maja durch die Gegend summen, als Bardame schlafzimmerblicken, als Batman den imaginären Luftraum beherrschen, sich als Bond-Girl genüsslich räkeln oder einfach nur Banane sein möchten, ob Sie eine schöne Corsage suchen oder eine Elvis-Brille, ob Sie Karneval in Venedig feiern oder sich einen Doktorhut erschwindeln möchten: Alle Kleidungsstücke sind frisch gereinigt, gebügelt und warten nur auf erlebnishungrige Träger.

Der Preis der verschiedenen Outfits ist je nach Ausstattung verschieden, immer aber günstiger als sich selbst ein solches Kostüm zu kaufen. Sollten die Beine oder Ärmel zu kurz ausfallen – kein Problem.

Auch wen – festlicher und gediegener – die Eintrittskarte für die Oper schon genug gekostet hat, der wird sich freuen, dass er sich bei Kostüme Breuer mit Abendkleidern jeder Couleur ausstatten kann. Natürlich gilt das auch für die festlich gewandeten Herren. Apropos Kosten: Die Gesamtausrüstung für eine gelungene Hochzeit geht schnell in die Tausende, auch wenn man das alles später nicht mehr braucht. Da ist es doch klug, die begehrten Kleidungsstücke zu leihen, statt sie zu kaufen. Ob man dann hinterher weiterhin fremdleben möchte, wird sich zeigen …

Adresse Hohenzollernstraße 22a, 80801 München (Schwabing-West), Tel. 089/338772, www.kostuemverleih.com, E-Mail: info@kostuemverleih.com | **ÖPNV** U 3, 6, Haltestelle Giselastraße, Bus 53, 144, Haltestelle Friedrichstraße, Tram 27, Haltestelle Kurfürstenplatz | **Öffnungszeiten** Mo–Fr 9.30–18 Uhr, Sa 10–13 Uhr

53 Der Kräutergarten

Die Welt im Teeglas

Mittendrin und voll entspannt. Fällt einmal die Ladentür zur Straße zu, wird es still. Ein angenehmes Gefühl. Nur die Ladenglocke ertönt einladend, und die Kuckucksuhr tickt leise. Ein zarter Kräuterduft breitet sich in dem hellen Laden aus und heißt jeden, der einfach nur hereinschnuppern möchte, willkommen. Inmitten des hellen Raumes brodelt ein silberglänzender Samowar vor sich hin und lädt jeden, der hereinkommt, zu einer Tasse Tee aus dem eigenen Sortiment ein. Je nach Stimmung gibt es täglich eine andere Sorte zu probieren.

Dieser meditative Ort ist deutschlandweit das zweitgrößte Fachgeschäft für Kräuter, Tees, Gewürze, Naturheilmittel, Naturkosmetik, ätherische Öle, Räucherwerk und vieles mehr. Seine Besonderheit: die enorme Vielfalt und Auswahl an Zutaten aus kontrolliert biologischem Anbau, die Frische und jahrelange Erfahrung.

Romana Auth, die Kräuterfee, schüttelt achtsam die silberne Metallbox mit frisch getrockneten Rosenknospen. Ein feiner Duft entfaltet sich. Eine kleine Knospe pro Tasse ergibt einen feinsäuerlich-aromatischen Tee, der auf »andere Gedanken bringt und zum Loslassen animiert. Jedes Kraut hat seine Wirkung.« Es muss nur den Richtigen finden. Daher nimmt sich die ehemalige Heilpraktikerin Zeit bei der Beratung und »lauscht« zuerst dem Kunden eine Weile, bevor sie eine Mischung empfiehlt. Sie liebt ihre bunte Kundschaft und das Treiben im Glockenbachviertel.

Bevor sie den Kräutergarten ins Leben rief, arbeitete sie bereits als Heilpraktikerin mit Heiltees und legte schon damals großen Wert auf ökologisch angebaute Zutaten, was nicht so üblich war. Also machte sie ihr eigenes Geschäft auf und sucht bis heute detektivisch nach schadstofffreien Zutaten. Die Kräuter bezieht sie bevorzugt aus dem mediterranen Raum, aber im Grunde könnte man »mit jedem Kontinent einen Laden aufmachen«. Mittendrin und weltoffen.

Adresse Pestalozzistraße 3, 80469 München (Ludwigs-/Isarvorstadt), Tel. 089/23249802, www.kraeutergarten-muenchen.de, E-Mail: mail@kraeutergarten-muenchen.de | **ÖPNV** U 1, 2, 3, 6, 7, Tram 16, 17, 18, 27, 28, Bus 62, Haltestelle Sendlinger Tor | **Öffnungszeiten** Mo–Fr 9–19 Uhr, Sa 9–14 Uhr

54 Kremer Pigmente

Vom Anfänger bis zur Ikone

Es muss sich um Magnetismus handeln: Wer diesen Laden von der anderen Straßenseite beobachtet, dem fällt auf, dass fast jeder, der an dem Schaufenster entlangschlendert, unwiderstehlich angezogen zu werden scheint und dem Geschäft meist einen kleinen Besuch abstattet. Wie kommt das?

Kremer Pigmente handelt mit Farben in unfassbar vielen Varianten. Der berauschende und schöpferisch stimulierende Sog dieser Farben ist es auch, der uns wie willenlos in den Laden befördert.

Das Angebot umfasst mehrere hundert Farb-Pigmente, die sich grob in wasserlöslich oder ölbasiert unterscheiden lassen. Die meisten Kunden sind Künstler, Restauratoren und Dekorateure, aber es kommen auch Hobbybeseelte und eben jene farbtrunkenen Neugierigen, die das Schaufenster anzieht.

So ist für viele von uns die Farbe Gelb – ganz einfach gelb. Hier jedoch findet der Käufer zwölf verschiedene Varianten! Das gilt natürlich auch für Rot, Grün oder Blau. Ein Paradies für Meister der Nuancen. Alle diese Farben sind in Tütchen oder Glasbehältern aufbewahrt und schmücken den Laden vom Boden bis zur Decke. Das sieht natürlich wunderschön aus und spricht unsere kreative Ader unmittelbar an. Für Kunden, die noch nicht wissen, welche Farbtöne sie benötigen, bieten sich die »Kremer Aquarellkästen« an, die zwischen acht, für Anfänger, und 14 Farben für Fortgeschrittene bereithalten.

Schließlich gibt es da noch Aquarellkästen mit Erdfarben, Landschaftsmalereifarben, Buchmalereifarben oder Perlglanzpigmenten. Für besondere Spezialisten sind Sortimente für Geigenlack, Ikonen- oder Kirchenmalerei im Angebot. Das hat natürlich seinen Preis. Die Verkäufer im Laden sind allesamt ausgebildete Künstler. Das garantiert die beste Fachberatung, die bei einem so vielfältigen Sortiment nötig ist. Wenn Sie die Magie der Farbe lieben, sollten Sie hier einen Besuch machen. Sie werden wiederkommen – wie von Zauberhand berührt.

Adresse Barer Straße 46, 80799 München (Maxvorstadt), Tel. 089/285488, www.kremer-pigmente.de, E-Mail: info@kremer-pigmente.de | **ÖPNV** U 3, 6, Haltestelle Universität, Tram 27, 28, Haltestelle Pinakotheken | **Öffnungszeiten** Mo–Fr 10–13 Uhr & 14–18 Uhr, Sa 10–12 Uhr

55 _ Kunstkammer Georg Laue

»Wo Ars und Natura mit ain ander spilen«

Hier lässt man sich genussvoll ins Bockshorn jagen: »Wunder kann man sammeln«, so stellt es die Kunstkammer auf ihrer Website als Motto aus. Hören wir allein das Wort, so denken wir reflexhaft an etwas Exotisches und Geheimnisvolles. Tatsächlich trügt die Vorahnung nicht: Betreten wir nämlich das Geschäft von Georg Laue, umweht uns das Gefühl, in eine bis dahin unbekannte Welt einzutauchen: Kannen aus Steinbockhorn, Schatullen aus Schildpatt, japanische Namban-Kabinette – auf Hochglanz gebracht durch Urushi-Lack, Goldpulver und Perlmutt –, polierte Seychellennüsse, Korallen auf Sockeln; Schränke, die über und über mit Intarsien verziert sind; Tierfiguren in allen möglichen Materialien und Größen; verwunschene Fabelwesen, wunderbar ziselierte Sternenkarten; zwischendrin, als charmantes kleines Memento mori, ein Schädel aus Sandstein, Elfenbein, Edelhölzern oder Silber. Anstatt den Tod zu verdrängen, versuchte man vor allem in früheren Jahrhunderten, durch kunstvolle Abbilder die Angst vor einer ungewissen Zukunft zu bannen. So finden sich hier besonders zentrale Themen wie etwa Tabernakel, seltene Kreuze oder verschwenderisch ausgeschmückte Kelche.

Der renaissancebegeisterte Inhaber Georg Laue, der seit 15 Jahren seine Kunstkammer mit Funden füllt, ist ein veritabler Fachmann auf diesem Sammelgebiet: »Ich versuche, eine Welt im Kleinen, ein Theatrum Mundi zu erschaffen, ein Gesamtkunstwerk, in dem Objekte aus Natur und Kunst gleichwertig miteinander existieren.«

Natürlich haben diese schönen Dinge ihren Preis. Hier kaufen keine Schnäppchenjäger, sondern Sammler. Handelte es sich doch besonders im 16. Jahrhundert um eine beliebte Art der Wissensaneignung. Die Welt öffnete sich den neugierigen Menschen erstmals in ihrer ganzen geheimnisvollen Pracht. Um daran teilzuhaben, war eine Kunstkammer das ideale Vehikel. Damals wie heute. Renaissance live.

Adresse Schellingstraße 56, 80799 München (Maxvorstadt), Tel. 089/27818555, www.kunstkammer.com, E-Mail: kunstkammer@kunstkammer.com | **ÖPNV** U 2, Haltestelle Theresienstraße, Tram 27, 28, Bus 153, 154, Haltestelle Schellingstraße | **Öffnungszeiten** Mi–Fr 11–19 Uhr, Sa 11–15 Uhr & nach Vereinbarung

56 Kustermann

Gullideckel und Porzellantässchen

»Immer der Neugier nach.« Kustermann könnte man als das Idealbild eines guten Ladens bezeichnen. Bereits die Augen kaufen auch dort mit, wo noch gar keine Ware zu bestaunen ist: Das Gebäude besticht durch die großen Schaufenster und die eindrucksvolle Glaskuppel im Erdgeschoss. Auf drei Stockwerken wird alles aus der Hausratstechnik im weiteren Sinne angeboten. Es finden sich Edles neben Essenziellem, Trends neben Traditionellem, Anschaffungen neben nützlichen kleinen Helferlein: Glas, Porzellan, Werkzeug, Eisenwaren, Gartenmöbel, Grillzubehör ... Wahrscheinlich ist es einfacher aufzulisten, was es hier nicht gibt, als alles, was es gibt.

Will man etwa einen Toaster kaufen, wird man fast zwei Dutzend Modelle im Regal finden, für jeden Anspruch den richtigen. Im Gegensatz zu manch anderem Kaufhaus kennt sich das Fachpersonal wirklich aus und berät kompetent. Sehr bequem und sympathisch: Sollte es am Schluss doch nicht gepasst haben, kann man alles gegen Bargeld zurückgeben. Umgekehrt gibt es einen kostenlosen Lieferservice frei Haus, nicht nur bei Formaten wie Eisschränken.

Nicht minder interessant ist ein Blick auf die Firmengeschichte. Die Werkzeugabteilung etwa schlägt von der Qualität her jeden Baumarkt um Längen. Alles andere als ein Wunder: Kustermann verkaufte bereits vor 150 Jahren Werkzeuge für Landwirte und Handwerker. Schon damals residierte man in dem prächtigen Haus am Viktualienmarkt. 60 Jahre später handelte man bereits mit Eisenerzeugnissen aller Art. Auch beim Bau einiger Isar-Brücken und bei der Errichtung verschiedener Gebäude wie etwa der Stahlkonstruktion des Hauptbahnhofs wirkte die Stahlbauabteilung des Hauses Kustermann mit. Sogar die meisten Gulli-Deckel für München hat Kustermann gegossen. So ist man hier weiterhin traditionell im Auftritt, aber zukunftsorientiert bei der Ware. Noch immer fest verwurzelt – und doch der Nase für Neues nach.

Adresse Viktualienmarkt 8, 80331 München (Altstadt), Tel. 089/237250, www.kustermann.de, E-Mail: info@kustermann.de | ÖPNV S 1, 2, 3, 4, 6, 7, 8, U 3, 6, Bus 52, Haltestelle Marienplatz | Öffnungszeiten Mo – Sa 9.30 – 20 Uhr

57 Ladies First

Ein Stück Weiblichkeit

Die Herren der Schöpfung? Dürfen gleich weiterblättern. Denn in diesem Laden wollen wir Ladies ungestört stöbern, ohne dass *mann* ablenkt oder beobachtet. Hier geht es einzig und allein um uns Frauen. Ladies First ist der erste Erotik-Shop nur für Frauen – mit Diskretionsgarantie. Das signalisiert von außen die graue Tür aus Milchglas, die absolut blickdicht ist. Weniger grau ist die Atmosphäre im Laden. Zwischen Parkettboden und Stuckdecke präsentieren sich in schlichten Metallregalen allerlei Liebes- und Erotikartikel. Das Licht ist warm und dezent, die Atmosphäre entspannt und einladend, das Sortiment breit gefächert und erstklassig: Für heitere Liebesspiele eignen sich Körperschokolade, essbare Körperöle in Choco-Chili oder Tangerine-Lime-Geschmack. Dazu passt der verführerisch schimmernde Perlenstring von Bracli, bekannt aus der Serie »Sex and the City«.

Intimer und farbenfroh geht es im zweiten Teil des Shops zu. In einer kleinen Bibliothek finden wir Literatur zum Thema Erotik und Sexualität. Unübertrefflich jedoch ist die Auswahl an Vibratoren und Dildos in allerlei Farben. Zusammen mit Liebeskugeln stehen sie nicht nur im Dienste der Lust, sondern werden nach Geburten und Operationen von Hebammen und Frauenärzten empfohlen. Vor 20 Jahren erschuf Evelyne Hilse hier einen einzigartigen Raum für Frauen, in dem sie sich unbeschwert bewegen und beraten lassen können, und schloss hiermit eine Marktlücke.

Mit ihrem Shop will die humorvolle First Lady und ehemalige PR-Beraterin Frauen die Hemmschwelle nehmen, offen mit ihrer eigenen Sexualität umzugehen – ohne sich dafür rechtfertigen zu müssen oder beobachtet zu werden, »weil Sexualität etwas Selbstverständliches ist und zu den menschlichen Bedürfnissen gehört«. Am Dienstag drückt sie ein Auge zu. »Freien Eintritt« haben dann – in weiblicher Begleitung: die Herren der Schöpfung.

Adresse Kurfürstenstraße 23, 80801 München (Schwabing), Tel. 089/2718806, www.ladies-first.de, E-Mail: info@ladies-first.de | **ÖPNV** U 3, 6, Haltestelle Giselastraße, Tram 12, 27, 28, Bus 53, 144, Haltestelle Kurfürstenplatz | **Öffnungszeiten** Mo, Di, Do, Fr 11–19 Uhr, Mi 11–15 Uhr, Sa 11.30–14 Uhr. Nur Frauen haben Zutritt, außer Di, da sind Frauen mit Partner willkommen.

58_Lebascha Naturkost

Bio und Schwarz

Was haben ein Bioladen und Lakritze gemeinsam? Lakritze zählt zu den ältesten Heilmitteln, und Lebascha ist der älteste Bioladen der Stadt. Links steht Münchens größtes Lakritzdepot, rechts das Biosortiment. Schauen wir zuerst nach rechts.

Damals vor 40 Jahren hieß er noch »Schwarzmarkt« und war ein Gemischtwarenladen. Dann wurde aus der Öko-Kooperative der Name »Lebascha«, auf Russisch »liebstes Mädchen«. Das Biogeschäft blieb sich treu und ist bis heute ein beliebter Stadtteilladen. Ein angenehmer Ort, wo man weiß, was man bekommt und wo sich die Leute treffen, um sich über Neuigkeiten auszutauschen. 80 Prozent der Kunden kennen Ulla Jüttendonk und Christine Wittmann, die seit über 20 Jahren den Laden führen, persönlich. Schon lange kennen sie auch ihre Lieferanten, Hersteller und Großhändler. Das schafft Vertrauen. Das Sortiment geht mit der Zeit. Statt schrumpliger Äpfel gibt es neben den Basics auch Feinkost. Statt Birkenstockträgern beleben heute Großmütterchen, Yuppies, Studenten und Mütter den Laden. Ulla Jüttendonk empfindet Biolebensmittel als »Feinkost mit Genussaspekt«.

Das war nicht immer so. Einen Ruck nach vorne gaben der Biowelt meistens Skandale. Einer der schlimmsten war damals Tschernobyl. Da verwandelte sich »Lebascha« kurzzeitig wieder in einen Schwarzmarkt. Damals führten Jüttedonk und Wittmann Milchlisten: Unbedenkliche Milch gab es dann zuerst für Schwangere und Frauen mit Kindern. Schwarz ist jetzt nur noch das imposante Lakritzdepot in der Ecke, mit an die 70 Sorten der Süßholzkostbarkeiten aus Holland und Dänemark. Ein Traum für Lakritzliebhaber, ein Alptraum für Lakritzmuffel. Doch die Namen hören sich allemal köstlich an: Katzenköpfe, Pflastersteine, Freche Kätzchen, Colacarameltaler, Totenköpfe, Pfefferlinsen, Veilchenpastillen, Pfeifen. Sie variieren in Form und Geschmack, aber eines haben sie gemeinsam: Sie schmecken teuflisch – gut oder schwarz.

Adresse Breisacher Straße 12, 81667 München (Haidhausen), Tel. 089/4802495 | **ÖPNV** S 1, 2, 3, 4, 6, 7, 8, 27, U 5, Tram 19, Bus 54, 55, 100, 145, 152, 155, 187, Haltestelle Ostbahnhof | **Öffnungszeiten** Mo–Fr 9–19.30 Uhr, Sa 9–14 Uhr

59 Kgl. bayr. Lederhosenwahnsinn

Ein göttlicher Bayer sucht alte Lederhosen

»Von Kapstadt, Wladiwostok, Tschikago bis Hawei, kaufen's alle beim Lederhosenkönig in der Borstei«, dichtete einst der selbst gekrönte Monarch Herbert Josef Lipah, als göttlicher Bayer und leidenschaftlicher Sammler Herr über das weltweit einzigartige Lederhosen-Königreich.

Die Idee, Lederhosen zu sammeln, wurde am 30. Juli 1983 geboren. Der Ort des Geschehens: ein Keller, in dem Herbert eine alte Lederhose sah. Dann geschah es. »In dem Moment habe ich etwas gespürt.« Am nächsten Tag schenkte ihm die Besitzerin die Hose. Der junge Antiquitätenhändler zog sie an seinem Stand auf der Auer Dult an. Schon kam eine Frau zu ihm und verkaufte ihm eine Lederhose für damals läppische 20 Mark. »Keine Stunde war vergangen, da kam der Erste und wollte sie anprobieren.« Für 30 Mark gab er sie weg. Die Bilanz: Am Ende hatte er 300 Hosen angekauft; fast die Hälfte davon hatte den Besitzer bereits wieder gewechselt. Jede zehnte war an die 100 Jahre alt. Mit einer alten Lederhose fing also ein neues Leben an, und der Grundstein für einen einzigartigen Laden und Museum in einem war gelegt. Dies markierte auch den Beginn einer Renaissance der Lederhosen in den 1980er Jahren; nicht länger blieben sie nun Domäne von Trachtenvereinen.

Heute hängen hier auf 40 Quadratmetern – restauriert und gereinigt – über 2.000 feinste und rarste Lederhosen und Hosenträger. Samt Lager sind es 5.000, von festlichen Kniebundhosen bis zu kurzen Alltags-Arbeitshosen. Die am Hosenbein geknöpften stammen aus Österreich, die mit Bandl aus Bayern. Sogar die Krachlederne von Oskar Maria Graf hängt als Leihgabe im Münchner Stadtmuseum.

Butterweich fühlen sich das edle Gamsleder und das gängigere Hirschleder an. Je älter, desto schöner. »Ich sammle das, was der Mensch gebraucht hat.« Egal ob Minister oder Metzger, ob Bayer oder Preiß: Jeder ist willkommen. Und warum der Lederhosenwahnsinn königlich ist? »Na, schließlich leben wir doch in einem Königreich.«

Adresse Franz-Marc-Straße 10, 80637 München (Moosach), Tel. 089/154484, www.lederhosenwahnsinn.de, E-Mail: herbert@lipah.de | **ÖPNV** Tram 20, 21, Haltestelle Borstei | **Öffnungszeiten** Fr 15–20 Uhr, Sa 10–18 Uhr und nach telefonischer Vereinbarung

60__Leo's Obst-Standl

Trüffel ist Trumpf

Wer einmal über den Viktualienmarkt schlendert, den lässt das Angebot an frischen und ungewöhnlichen Produkten auf 22.000 Quadratmetern nicht mehr los. Die Bäcker, Metzger, Blumenstände, Feinkost- und Fischhändler machen den Markt mitten in der Stadt seit 1807 zu Münchens kulinarischem Magneten. Die nach dem Zweiten Weltkrieg wieder aufgebauten Standl – bayerisch für Stände – stehen dort bis heute. Einheimische Schmankerl residieren neben Delikatessen aus aller Welt.

Mondän kommt auch Leo's Obst-Standl daher. Auf den ersten Blick sieht der große Doppelstand nach einem solide sortierten Obsthändler aus. Mit dem zweiten Blick reist man hier um die ganze Welt: saisonales Gemüse aus Münchner Gärten, Tamarinde und Long Klong aus Thailand, stachelige Esskastanien aus Italien, frei wachsende Walderdbeeren aus Belgien, Paprika aus Ungarn, Kakaofrüchte aus Brasilien, 20 Tomatensorten. Aus der Region oder frische Flugware: Gestern reif gepflückt und heute zum Anbeißen auf dem Tisch. Christian Maier legt Wert darauf, dass er sein feines Obst daher bezieht, wo es gerade wächst. Darum steht er tagtäglich ab zwei Uhr morgens in der Großmarkthalle und ist meist der Erste, der sich die besten Stücke auswählen darf.

Neben der Stammkundschaft und Kochbegeisterten zählen auch Promiköche und Foodstylisten zur Klientel. Für sie macht er Unmögliches möglich und besorgt Ware auch außerhalb der Saison.

Ein weiteres Steckenpferd: die Trüffel. Leo's Obst-Standl ist seit 20 Jahren die Adresse für feinste Nusspilze. Ob weißer Alba-Trüffel aus dem Piemont oder schwarzer Perigord-Trüffel aus Frankreich – das ganze Jahr trumpft er mit den Luxusknollen auf.

Für den Niederbayern ist der Viktualienmarkt ein Ort, an dem er so vieles schätzt: »Den Markt an sich, das Flair und die Herausforderung, sich mit den verschiedenen Menschen auseinanderzusetzen.« Ein Münchner Wahrzeichen.

Adresse Viktualienmarkt 3, Stand 13–16, 80331 München (Altstadt), Tel. 089/266104 | **ÖPNV** S 1, 2, 3, 4, 6, 7, 8, 27, U 3, 6, Bus 52, Haltestelle Marienplatz, Bus 52, 62, Haltestelle Viktualienmarkt | **Öffnungszeiten** Mo – Fr 7–19 Uhr, Sa 7–16 Uhr

61 Bruno Lewandowski

Für Prinzessinnen und Königinnen der Nacht

Adel verpflichtet. Wer damals etwas auf hochwertige Korsette hielt, kaufte bei Bruno Lewandowski ein. Sechsspännige Kutschen fuhren dann vor Schlössern vor, um den Hofadel zu beliefern. Und sogar Ihre Königliche Hoheit Infantin Eulalia von Spanien trug feinste Spitze von Lewandowski. Allerdings war es eine atemraubende Angelegenheit, die eine schöne Wespentaille formte.

Auch die Herren der Schöpfung, Offiziere allen voran, trugen damals Korsette, um eine tadellose Figur auf dem Pferd zu machen. Büstenhalter mit Hüftformer zählten zur gängigen Garderobe. Das war Ende des 19. Jahrhunderts. Dann kamen zwei Weltkriege. Der prächtige Hoflieferant verkleinerte sich und zog ans Sendlinger Tor. Direkt nach dem Weltkrieg wollte kaum jemand etwas von Wäsche hören. Die Zeiten waren pragmatisch, also gab es bei Lewandowski Nützliches zu kaufen: Windeln, Schnuller, Gebrauchsgegenstände aller Art. Kurzzeitig gaben sich die Freudenmädchen die Ehre, mit schöner Wäsche aufzutrumpfen, und belebten das Geschäft. Das jedoch ist lange vorbei. Die Wirtschaftslage normalisierte sich, und bis heute gilt Bruno Lewandowski als eine Adresse für hochwertige Unterwäsche und beste Beratung.

Für Adeline Dilz, die gute Seele des Geschäfts, gab es keinen anderen Beruf. Mit 14 Jahren fing sie bei dem Familienunternehmen zu arbeiten an. Auch heute, um viele Erfahrungen reicher, nimmt sich Adeline Dilz für Beratung viel Zeit. Die Maße werden schnell und diskret abgenommen. Denn nicht nur schön soll das feine Stück aussehen. »Der perfekte Sitz ist das Qualitätsmerkmal.« Die Ladenchefin ist die Ruhe selbst; wenn nur drei Leute das Geschäft betreten, ist es voll. Manche Kundinnen schwören auf Lewandowski, hier gibt es immer etwas aufregend Neues. Übrigens. Das Korsett ist wieder in Mode – allerdings angenehmer zu tragen. Vorbei sind die Schlabberzeiten: Vornehm und edel verpflichtet erneut.

Adresse Sendlinger Straße 62, 80331 München (Altstadt), Tel. 089/265839 | ÖPNV U 1, 2, 3, 6, 7, Tram 16, 17, 18, 27, 28, Haltestelle Sendlinger Tor | Öffnungszeiten Mo–Fr 10–19 Uhr, Sa 10–17 Uhr

62_Linkopfotia

Links vor rechts – eine Fundgrube für Linkshänder

Machen Sie bitte den folgenden Test:

- Mit welcher Hand schreiben Sie?
- Mit welcher Hand putzen Sie Ihre Zähne?
- Welcher Daumennagel ist größer?
- Mit welcher Hand werfen Sie einen Ball weiter?
- In welcher Richtung rühren Sie im Kochtopf um?
- Wenn Sie die Arme verschränken, welcher Arm ist oben?
- Tragen Sie Ihre Tasche links oder rechts?
- In welcher Hosentasche ist Ihr Geld oder Ihr Taschentuch?

Wenn Sie mehr als fünfmal mit »links« antworten, dann sind Sie bei Linkopfotia – dem Laden mit Linkshänderbedarf – genau richtig.

Die Geschäftsführerin und Vorsitzende des Vereins Linkshänder e.V. – Agnes Maria Forsthofer – setzt sich schon seit Langem für mehr Akzeptanz von Linkshändern in der Gesellschaft ein. Aus ihrer Erfahrung heraus, dass Menschen heute »noch blöd angeschaut« und »Kinder in der Schule gehänselt« werden, wenn sie nicht mit der rechten Hand schreiben können, bietet die Linkshänderin praktische Gebrauchsgegenstände an, die das Leben erleichtern. Schüler finden hier Stifte, Scheren, Lineale und Spitzer. Für die Küche gibt es Dosenöffner, Kartoffelschäler und Korkenzieher. Der Renner ist ein Geldbeutel, bei dem sich das Fach fürs Kleingeld auf der anderen Seite befindet. So kann man bezahlen, ohne dass das Kleingeld herauspurzelt.

Angefangen hat alles im Jahr 2006 mit einem Stand auf der Auer Dult. Erst später eröffnete sie ihr einzigartiges Geschäft mit Linkshänderbedarf. Wer hier als Rechtshänder ein wenig verweilt, der staunt, über welche Hindernisse Menschen stolpern, bei denen die rechte Gehirnhälfte ausgeprägter ist als die linke. Ein Trost ist dann vielleicht, dass geschätzt 20 Prozent der Weltbevölkerung mit der Linken schreibt. Darunter auch Barack Obama, Julia Roberts, Bruce Willis, Lady Gaga, Daniel Brühl oder Mario Gomez – die Liste der genialen Linkshänder ist unendlich.

Adresse Winterstraße 6, 81543 München (Untergiesing), Tel. 089/48998788, www.linkopfotia.de, E-Mail: info@linkopfotia.de | **ÖPNV** U 1, Bus 54, Haltestelle Candidplatz, Bus 52, Haltestelle Winterstraße, U 2, Haltestelle Kolumbusplatz | **Öffnungszeiten** Do–Fr 10–18 Uhr, Sa 10–14 Uhr

63 Die Mercerie

Das Auge strickt mit

Ein wahrer Wollrausch! Wer in Die Mercerie eintaucht, kommt nicht mehr so schnell wieder heraus. Wie ein Sog zieht der längliche Raum durch sein Sortiment und seine Extravaganz jeden an, der nur ansatzweise gern strickt und Handarbeiten mag. In alten belgischen Gemüseregalen und Aktenschränken werden Wolle und Kurzwaren bei angenehmer Beleuchtung übersichtlich präsentiert. Für jede Wolle gibt es ein Möbel. Ästhetik, Qualität und Service haben hier Priorität.

Das Auge strickt mit: japanische Bambusgarne, ideal für Lochmuster und Lacetücher. Knisternde Papiergarne, perfekt für selbstgefertigte Taschen. Verblüffende Garne aus einer Seiden-Stahlmischung für schimmernde Jäckchen. Dicke Teppichgarne, dazu 25er Nadeln. Eine Reihe an Effektgarnen und natürlich auch Klassiker wie weichste Merinowolle von einer kleinen Familienfarm in Ontario, selbstverständlich handgefärbt. Knöpfe aus Kokosnussschalen, gepressten Kronkorken, Mäuse-, Katzen-, Uhrenknöpfe von »Jim Knopf«, »made in Gemany«, und eine Menge Näh- und Strickaccessoires. Allein der Anblick lässt das kreative Herz höher schlagen.

Mit Die Mercerie erfüllte sich Sabine Niebler-Reumann ihren Traum, »schöne Dinge um das Thema Handarbeit anzubieten, die es in München nicht gibt«, und hat dafür den perfekten Raum geschaffen, der viel Luft für Ideen lässt. Am Ende der Wollgalerie lockt eine Kaffee-Tee-Bar mit Kuchen. Daneben eine Leseecke mit Zeitschriften und Büchern aus Frankreich, USA, Dänemark zum Thema Stricken und Handarbeit. Doch vor allem steht die fachkundige Ladenbesitzerin mit Rat und Tat zur Seite.

Mit ihrer Auswahl möchte sie die Leute inspirieren und ermutigen, einmal etwas Neues auszuprobieren, und zeigen, dass Kreativität kein Hokuspokus ist. In ihren Strickkursen werden keine Socken gestrickt, sondern modebewusste Muster und Modelle ausprobiert, die man sofort nachmachen und anziehen möchte. Berauschend kreativ!

Adresse Nymphenburger Straße 96, 80636 München (Neuhausen), Tel. 089/12003316, www.diemercerie.com, E-Mail: info@diemercerie.com | ÖPNV U 1, 7, Haltestelle Maillinger Straße | Öffnungszeiten Mo–Fr 10–18.30 Uhr, Sa 10–14 Uhr

64 Mike's Whiskeyhandel

Münchens Bourbon-König

Wer sich nur einen »auf die Lampe gießen« will, ist bei Mike Werner falsch. Er verkauft ausschließlich feinsten Kentucky Straight Bourbon. Ob Rowan's Creek, Willett, Noah's Mill, Johnny Drum oder Michter's – alles Lichtjahre von Supermarktware entfernt. Um an den »Stoff« zu kommen, muss man allerdings an einer Armada aus Kristalllüstern und Leuchten vorbei. Sein Verkaufsraum im Stil einer American Bar befindet sich im ersten Stock des Ladens »Der Lampenschirm«. Das Geschäft am Isartor existiert seit 1960, und Mike hat mit der Tochter des Ladeninhabers in die Branche eingeheiratet. Viele Jahre verbrachte er als Handelsvertreter auf Messen. Sechs Jahre nahm er an der Lichtshow in Dallas teil und wurde zum USA-Fan.

Die Arbeitsjahre hinterließen Spuren: »Nach einem Magengeschwür gab mir mein Arzt den Rat, statt normalem Whiskey nur noch Straight Bourbon zu trinken. Dieser enthält weder Zusatzstoffe noch Geschmacksverstärker und wird nicht verschnitten. Ein reines Produkt, mild und gut verträglich.«

Von jeder Reise brachte er neue Sorten mit und startete 2006 vom Hobbysammler mit 256 Flaschen in den Whiskeyhandel. Heute hat Mike 16 Straight Bourbons aus zwei Destillerien im Sortiment und sehr faire Preise: »Ein guter Bourbon fängt bereits bei 25 Euro an. Mein Lieblingswhiskey Rowan's Creek kostet 43 Euro.«

2012 gründete er die »American Whiskey Academy« und hält seitdem Vorträge zum Thema Whiskey, mit Geschmacksproben, versteht sich. Wer in Mikes Laden kommt, wird ihn sofort am Hemd erkennen – »stars and stripes«, Harleys, Autos. Auch sonst ist er stilgenau: »Seit zehn Jahren fahre ich Cadillac, aber den Beigeton habe ich umlackieren lassen: Ich wollte ein Bourbon-Braun und habe dem Lackierer einfach eine Flasche Whiskey als Farbmuster mitgebracht.« Wer bei Mike eine Lampe kauft, findet oft auch einen Whiskey und kann dann zumindest zuhause ordentlich einen »auf die Lampe gießen«.

Adresse Tal 42, 80331 München (Altstadt), Tel. 089/21665385, www.mikes-whiskeyhandel.com, E-Mail: info@mikes-whiskeyhandel.com | **ÖPNV** S 1, 2, 3, 4, 6, 7, 8, 27, Tram 16, 18, Bus 132, Haltestelle Isartor | **Öffnungszeiten** Mo–Fr 10–19 Uhr, Sa 10–18.30 Uhr

65 Milch und Honig

Sinn und Sinnlichkeit

Wellness mitten in Schwabing. Welche Frau mag es nicht, wenn sie von schönen Dingen zart umschmeichelt und von allen Seiten verwöhnt wird. Milch und Honig ist so eine Oase, die von der ersten Sekunde an alle Sinne anspricht. Eine erlesene Kollektion von Seifen, Parfüms und Pflegeprodukten begleitet mit ihren Düften aus Jasmin, grünem Tee, toskanischer Rose und Magnolie durch den ganzen Laden. Die Augen können sich nicht sattsehen an den schönen Accessoires, die Urlaubsgefühle wecken und Balsam für Leib und Seele sind.

Kathrin Wiesinger erschuf ihr kleines Paradies vor zehn Jahren, als ihr in München »ein solcher Laden gefehlt hat«. In England oder Frankreich gehörten derartige Geschäfte bereits zum Programm. Mit verspielten Tapeten und zartem Türkis kreierte sie einen ansprechenden Rahmen für ein absolutes Wohlfühlambiente. Sogar die Kleiderbügel sind nicht schwarz oder weiß, sondern mit prinzessinnenhaften Glaskugeln verziert.

Natürlich aber sind die aufmerksame Bedienung und die dargebotene Ware der eigentliche Wohlfühlmagnet. Egal, ob Badeanzüge oder Unterwäsche, Handtücher oder Pantoffeln, Nachtwäsche oder Bademäntel, Kleider oder Hosen – nichts wird dem Zufall überlassen. Wiesinger konzentriert sich auf wenige erlesene Marken aus Europa und den USA – wie American Vintage, Avoca und princesse tam tam. Nimmt gerne auch originelle regionale Labels wie Louis & Louisa aus Regensburg, OKHA aus München oder Pampuschen aus dem Allgäu in ihr Sortiment.

Der Dresscode ist eindeutig: verspielt-leger-chic für zu Hause und für die Straße. Die Pyjamas sind so schön, dass man manchmal kaum sagen kann, ob sie fürs Bett oder die Straße gemeint sind. Genau das ist auch die Philosophie: »Warum sollte man sich immer nur bei Tageslicht hübsch machen und nicht auch mal im Bett und auf dem Sofa anschmiegsam und sexy faulenzen …« Da fängt die Erholung an.

Adresse Belgradstraße 4, 80796 München (Schwabing-West), Tel. 089/34086990, www.milchhonig.de, E-Mail: info@milchhonig.de | **ÖPNV** U2, Haltestelle Hohenzollernplatz, Tram 12, 27, 28, Bus 53, 144, Haltestelle Kurfürstenplatz | **Öffnungszeiten** Mo–Fr 10.30–19 Uhr, Sa 10–16 Uhr

66__Moba Coffee

Glanz und Glamour made in Italy

Für Perfektionisten und Genießer eine Kostprobe gefällig? Wie schwarzes Gold fließt der Espresso in die kleine Tasse, während es zischt, dampft und duftet. Bei Moba Coffee darf, ja, *muss* man sich durchprobieren, um herauszufinden, welcher Espressotyp ich bin und welche Siebträgermaschine zu mir passt. Dafür nimmt sich die Ladeninhaberin Monika Batka richtig viel Zeit. Die junge Expertin ist gerade mal Anfang dreißig und kennt sich verdammt gut in der Welt der echten Espressomaschinen aus.

Eine geradezu glamouröse Ausstrahlung haben die Maschinen, die wie Divas auf den Regalen thronen. Jedes Stück ist ein »Individuum« und wiegt an die 25 Kilo. Jede wird von Hand in Familienbetrieben in Italien zusammengeschraubt. Das Zubehör ist made in Italy, das versteht sich von selbst und erklärt auch das hohe Preisniveau der Maschinen, die aus Edelstahl und zum Teil verchromt sind.

Egal ob Bezzera, La Pavoni, Rocket Espresso, Vibiemme oder ECM. Die junge Expertin, die auch fließend Italienisch spricht, schaut sich jede Produktionsstätte persönlich an, sei es in Mailand oder Venedig. Doch auch das reicht der jungen Dame noch nicht. Bis ins letzte Detail zerlegt sie jede Maschine, die locker ein Vierteljahrhundert halten kann, bevor die bei ihr im Laden stehen darf. Erst dann, wenn sie mit dem Innenleben, jedem Draht, jeder Schraube vertraut ist, kann sie optimal beraten, falls mal ein technisches Problem auftaucht. Eine hauseigene Werkstatt für aufwendigere Reparaturen ist in der Nähe.

Um einen perfekten Kaffee zu zaubern, reicht aber eine teure Siebträgermaschine nicht aus. Die Mühle ist mindestens genau so wichtig. Hinzu kommt eine Reihe von Accessoires, die den optimalen Genuss garantieren. Einen Crashkurs bekommen Sie bei Moba Coffee automatisch. Mit einer Espressomaschine im Kofferraum nehmen Sie ein edles Stück Italien mit. Das sind Luxus und perfekter Genuss für die Ewigkeit.

Adresse Pilgersheimer Straße 79, 81543 München (Untergiesing/Harlaching), Tel. 089/88909669, www.mobacoffee.de, E-Mail: info@mobacoffee.de | **ÖPNV** U1, Bus 54, Haltestelle Candidplatz, Bus 52, Haltestelle Jakob-Gelb-Platz | **Öffnungszeiten** Di–Fr 11–19 Uhr, Sa 10–16 Uhr

67_Antiquitäten Muggenthaler

Wo wundersame Dinge warten

»Fahr zua!« Das war doch gerade die Stimme von Bruno Jonas aus dem Auto? Schmunzelnd verlassen wir den Straßenlärm der Fraunhoferstraße, öffnen die Tür zu Antiquitäten Muggenthaler, reiben uns die Augen und befinden uns … in Harry Potters Winkelgasse.

»Die Kinder sagen immer, dass es bei mir aussieht wie bei dem Zauberschüler«, holt uns Margit Muggenthaler in die Realität zurück. Seit 35 Jahren residiert die stadtbekannte fröhlich-resolute Niederbayerin, der »Gaudi, Abwechslung und Kreativität« am Herzen liegen in einer einzigartigen Wunderkammer: Zu bestaunen gibt es antike Textilien von 1850 bis 1950, rauschende Röcke, umfließende Seide, hauchfeinen Organza, passende Posamenten, Bänder, Knöpfe, Perlapplikationen – eine einzigartige Kulisse aus Ritterhelmen, Diademen, antiken Gläsern, Barockengeln, halbblinden Spiegeln, Kleinmöbeln, Ziffernblättern und anderen Raritäten. Schon allein der so opulent wie bizarr dekorierten Schaufenster wegen kommen Gothic People, haptisch Begeisterte und »Leute, die wissen, was alte Materialien wert sind, und die sich mit ihnen auseinandersetzen«.

»Meine Nase führt mich immer zu den Dingen«, sagt die Antiquarin, und die findet sie im süddeutschen Raum, Italien, Österreich, Südtirol. Planen Sie ein Fest im Stil der 1920er Jahre? Ein Film, der im viktorianischen Zeitalter spielt, soll ausgestattet werden? Lieben Sie Rollenspiele? Margit Muggenthaler realisiert Ihre Träume. Ihre Spezialität sind Zusammenstellungen von Kleidern und Requisiten für Film, Fernsehen und Theater.

Aber nicht nur das Weltliche fasziniert sie: Kirchengewänder, Krippenfiguren, gotische Altäre, sakrale Kunst, Madonnen, Dinge aus Klöstern – auch das hat seinen Platz in ihrer sakralen Schatzkammer. Denn »alles ist endlich«, philosophiert die Inhaberin. Hier trifft Kabarett auf Theatrum Sanctum. Wundersam!

Adresse Fraunhoferstraße 1, 80469 München (Ludwigs-/Isarvorstadt), Tel. 089/264591, www.antiquitaeten-muggenthaler.de, E-Mail: info@antiquitaeten-muggenthaler.de | ÖPNV U 1, 2, 7, Haltestelle Fraunhoferstraße | Öffnungszeiten Mo–Fr 12–18.30, Sa 11–16 Uhr

68 The Munich Readery

Shades of Shakespeare

Was geschieht, wenn ein amerikanisches Ehepaar in seiner Wahlheimat sein Faible für Bücher zum Beruf macht? Heraus kommt die Munich Readery, größter Secondhandladen englischsprachiger Bücher in Deutschland. An die 40.000 Exemplare reihen sich in den Mahagoni-Regalen. Wer aber in Himmels Namen braucht eigentlich Tausende englischsprachiger Bücher in München?

Wir kennen da eine Dame im zarten Alter von 90 Jahren, die für ihr Leben gern Krimis liest – aber bitte nur auf Englisch! Selbige Dame erklärt uns, dass nur so die ursprüngliche Atmosphäre erhalten bleibe. Man könne eben nicht alles übersetzen. Oder da ist der Herr, der seinen Shakespeare unbedingt in der Originalsprache lesen möchte. Dann sind da die Kunden, die ganz schnell ein bestimmtes Buch brauchen und jene, die sich richtig viel Zeit lassen und ihre Funde in den ladeneigenen Selbstbedienungswagen stapeln.

Die Munich Readery macht es uns ausgesprochen bequem: Die Bücher sind nach Themen und alphabetisch geordnet. Des Öfteren stößt man auf wirklich singuläre Entdeckungen, denn die Browners reisen oft in die USA und stöbern dort zuweilen echte Raritäten auf. Dann steht schon einmal ein Buch als einziges Exemplar in Deutschland oder gar Europa hier. Der Service ist nicht teurer, sondern wesentlich billiger als anderswo – bis zu 70 Prozent vom normalen Abgabepreis. Hinzu kommt ein ausgeklügeltes Rabattsystem, das auch noch einmal bis zu 20 Prozent spart.

Schließlich setzen die cleveren Amerikaner noch eins drauf: Ab einer Einkaufssumme von 100 Euro kann man seine Bücher zurückbringen und bekommt immerhin noch 40 Prozent vom Ursprungspreis. Das schont den Geldbeutel und die Regale zu Hause. Auch Autoren kommen gern in die Readery, um ihre Bücher vorzustellen, und es gibt einen diskussionsfreudigen Buchclub. Last but not least kann man alle diese Bücher auch online bestellen. Secondhand – first class.

Adresse Augustenstraße 104, 80798 München (Maxvorstadt), Tel. 089/12192403, www.readery.de, E-Mail: bookmanjb@readery.de | **ÖPNV** U2, Haltestelle Theresienstraße | **Öffnungszeiten** Mo–Fr 11–20 Uhr, Sa 10–18 Uhr

69_My Cosy Cottage

Villa Kunterbunt

Hinter den sieben Bergen bei den sieben Zwergen, so könnte die Story beginnen. Sie startet aber in einem Schwabinger Garten, wo hinter einem Familienhaus ein entzückendes Häuschen mit Veranda steht. Es wäre ein geeigneter Wohnsitz für Schneewittchen, Prinzen und Prinzessinnen, Räuber Hotzenplotz und Konsorten.

Jutta von Braunmühl verwirklichte mit My Cosy Cottage einen Traum wohl aller Kinder und Eltern: Ein Kinderspielhaus, wo die Kleinen ungestört und gefahrlos spielen, schlafen und herumtoben. Die dreifache Mutter packte ihre ganze Familien-Erfahrung in ihr Konzept hinein, das bis ins letzte Detail durchdacht ist. Nicht nur was die Optik, sondern auch was die Sicherheitskriterien anbelangt. Abgerundete Kanten, umweltfreundliche Lacke, bruchsicheres Glas für die Fenster, Massivholz. Natürlich sind sie robust und langlebig.

Von Braunmühl begleitet den Prozess von der Idee und Gestaltung bis zum Aufbau und arbeitet mit einem Ingenieur zusammen. Von der Holzauswahl bis zum Kissenbezug – es gibt 1001 Möglichkeiten, wie das Häuschen auf fünf bis neun Quadratmetern aussehen könnte. Die Basis bilden verschiedene Typen: das gemütliche Schwedenhaus, das rustikale Tiroler Haus, das abenteuerliche Feuerwehrhaus und das Gran Victorian Cottage im englischen Stil. Nach Wunsch kann eine Garage angebaut werden, um Kinderspielzeug und Fahrgestelle elegant zu verstauen. Produziert wird in einem bayerischen Schreinereibetrieb. Kein Fertighaus, sondern echte Schreinerarbeit.

Jutta von Braunmühl hatte sich als Kind Häuschen aus dem Waschkarton gebaut. Ihren Traum verwirklichte sie dann mit ihren Kindern, als sie für sie ein Spielhaus designte, »einfach so, wie es ihnen gefallen würde«. Bis heute spielen ihre Kinder darin.

Die Häuschen stehen mittlerweile auch in Italien und in der Schweiz. Tatsächlich endet also die Geschichte hinter den sieben Bergen. Und bald sicher auch in Phantasia.

Adresse Parzivalplatz 5, 80804 München (Schwabing), Tel. 089/36008597, www.mycosycottage.de, E-Mail: info@mycosycottage.de | **ÖPNV** U 2, 3, Haltestelle Scheidplatz, Tram 23, Bus 140, 141, 142 Haltestelle Parzivalplatz, Bus 144, Haltestelle Potsdamer Straße | **Öffnungszeiten** nach telefonischer Vereinbarung

70_Noh Nee Dirndl à l'Africaine

Farbe, Farbe, Farbe

Kulturschock? Keiner. »Es ist eigentlich sehr frech, diese Kulturen zu verbinden«, räumt Rahmée Wetterich ein. Dabei haben die Afrikaner und Bayern eines gemeinsam, beide lieben und pflegen bis heute ihre Tradition in gutem Sinne. Im Jahr 2011 haben die beiden Schwestern aus Kamerun, Rahmée Wetterich und Marie Darouiche begonnen, Dirndl aus afrikanischen Stoffen zu nähen. Der Skandal wegen Stilbruchs ist ausgeblieben, stattdessen hat sich ihr Stil ziemlich schnell herumgesprochen; heute sind ihre Dirndl in ganz Bayern en vogue.

Die Mischung macht's. Den Rahmen bildet ein klassischer Dirndlschnitt aus den 1950er Jahren, der die Basis für die wildesten Muster und Farbkreationen wie Waxprint, Batik, Indigo ist. Außen afrikanisch. Und innen? Das Futter besteht aus einem bayerischen Dirndlstoff im passenden Farbton. »Farbe ist sexy, Farbe macht frisch«, sagt Rahmée Wetterich, die Colour-Mix und Culture-Mix schätzt.

»Afrikaner lieben das Plakative und würden auch diese Dirndl lieben«, sagt die Designerin und Managerin. Sie ist in Deutschland aufgewachsen und behauptet, sie habe mittlerweile den westlichen Blick. Ihre Schwester Marie hat den afrikanischen Blick beibehalten, und so sind die beiden Ladies ein perfektes Team, das ein Seil zwischen den beiden Kulturen spannt. Unterstützt werden sie von einer dritten Dame, Cornelia Hobbhahn. Ein Frauenunternehmen, das großen Wert auf die Herkunft und Verarbeitung der Stoffe legt, die in Afrika produziert werden. Genäht wird in Marie Darouiches Werkstatt in Schwabing und in Passau.

Eine Expansion und dadurch einen Verlust an Qualität des Ruhmes wegen lehnen die Damen ab. Vielmehr unterstützen sie Bildungsprojekte für Frauen. Und sie wollen authentisch bleiben, noch eine Sache, die Bayern und Afrika verbindet. »Noh Nee! Ein Geschenk Gottes«, würde man auf Kisuaheli sagen. Grüß Gott ohne Kulturbarrieren.

Adresse Türkenstraße 52 (Rückgebäude), 80779 München (Maxvorstadt), Tel. 089/88981270, www.dirndlalafricaine.com, E-Mail: nohnee@nohnee.de | **ÖPNV** U 3, 6, Haltestelle Universität, Tram 27, Haltestelle Schellingstraße, Bus 154, Haltestelle Türkenstraße | **Öffnungszeiten** Do – Fr 13 – 18.30 Uhr, Sa 12 – 16 Uhr und nach Vereinbarung

71 Auktionshaus Ursula Nusser

Hände hoch!

Bloß keine falsche Schüchternheit! Willkommen im Zwei-Welten-Haus, dem es noch ernst ist mit dem gesuchten Wort »alt«. Zugegeben: Es gibt in München ein gutes Dutzend Auktionshäuser, viele davon handeln mit neuwertiger Ware, die sie als alt deklarieren. Die übrigen, seriöseren Auktionshäuser bewegen sich in einem Preissegment, das für die allermeisten unerreichbar ist. Durchaus in Reichweite aber ist auch der begehrte Kompromiss. Die Auktionatorin Ursula Nusser nämlich bringt seit über 25 Jahren von beiden Welten das Beste mit: echte Auktionen mit vielen Schätzen von gestern und vorgestern – und das alles zu sehr moderaten Preisen.

Die Versteigerungsobjekte sind nach Kategorien geordnet. Da sind zunächst die Gemälde, sortiert in alte Kunst und moderne Kunst. Dann haben wir Möbel, Schmuck, Silber und Alltagsgegenstände. All das kann in der Woche vor den jeweiligen Auktionen besichtigt werden, und vieles ist im Nachverkauf, während der Woche nach der Versteigerung, zu kaufen.

Die Auktionen beginnen immer um 15 Uhr und ziehen sich oft bis in den Abend hinein. Da Hunderte von Gegenständen unter den Hammer kommen, muss der Auktionator sehr zügig arbeiten. Dabei entwickelt sich ein recht forderndes Tempo. Wer mitsteigern will, holt sich ein Pappschild mit einer Nummer, die man beim Steigern hochhalten kann, sofern man mitgehen will. Der jeweilige Kunstgegenstand wird auf eine Leinwand projiziert, und schon schnellen die ersten Hände hoch. Derjenige, der am höchsten geboten hat, bekommt am Ende den Zuschlag.

Das ist bisweilen unheimlich spannend! Vielleicht hatte man zunächst nur geplant, einmal hineinzuschnuppern. Dann aber packt einen das Auktionsfieber, und die Stunden vergehen wie im Fluge. Jedem, der sich an schönen alten Dingen erfreut, kann man nur empfehlen, hier einmal hineinzuschauen. Dabei lässt sich durchaus ein außerordentlich preiswerter Fang machen. Wer wagt, gewinnt!

Adresse Nordendstraße 46, 80801 München (Schwabing), Tel. 089/2782510, www.nusser-auktionen.de, E-Mail: info@nusser-auktionen.de | **ÖPNV** U 2, Haltestelle Josephsplatz, U 3, 6, Haltestelle Giselastraße, Tram 27, 28, Haltestelle Elisabethplatz | **Öffnungszeiten** Mo–Fr 9–13 Uhr & 14–17.30 Uhr

72 Pajas

Tanz um Formen

»Die Formen sind im Stoff drin – und der Künstler verfeinert sie«, zitiert Ruth Gassner frei nach Michelangelo, während sie den Stoff für das nächste Kleid zwischen den Fingern hält, ihn loslässt und schaut, wie er fällt, schimmert und wonach er verlangt. »Es ist immer ein kleiner Tanz.«

Seit mehr als 20 Jahren spielt die Münchner Modedesignerin das Spiel mit Stilen, Farben und Materialien. Bei Pajas gibt es unzählige Möglichkeiten für unterschiedlichste Anlässe. Ein leichtes Abendkleid aus dezent schillernden Riesenpailletten in türkisem Hellblau – wie aus einem Märchen von Hans Christian Andersen. Eine schicke Jeansjacke mit asiatischen Einflüssen. Dann das korallenfarbene Empire-Hochzeitskleid, an dem sich zart gestickte Blumen auf Seidenchiffon hochschlängeln. Blumenmotive bilden oft den roten Faden, mal ganz dezent, mal offensiv. Es ist nicht von ungefähr, dass in dem spanischen Wort »pajas« die Bedeutung von getrockneten Blüten steckt.

Hierher kommen Frauen, die sich gern selbstbewusst kleiden und mit den langweiligen Modeerscheinungen des Mainstreams nichts am Saum haben. Geigerinnen, die für ihre Geige die entsprechende Schulterfreiheit brauchen; Businessfrauen, die dem grauen Stil entfliehen, aber nicht zu sehr auffallen möchten; Bräute, die ihr Kleid auch nach der Traumhochzeit tragen möchten.

Ruth Gassner geht an jedes Modell unvoreingenommen heran. Hand in Hand arbeitet sie mit Sigrid Nufer, einer professionellen Schneiderin. Beim ersten Gespräch schaut die gelernte Kostümbildnerin, welchem Typ die Kundin entspricht und wie man diesen positiv unterstreichen kann. Gerade die intensive Beratungsphase sowie die Anpass-Garantie ohne Verfallsdatum zeichnen Pajas aus. Es ist ein subtiler Tanz um Formen, der kein Ende findet, bevor nicht eines erreicht ist: die Zufriedenheit einer ideal zur Geltung gebrachten Frau.

Adresse Franz-Joseph-Straße 46, 80801 München (Schwabing), Tel. 089/393630, www.pajas.de, E-Mail: pajasdesign@aol.com | **ÖPNV** U 2, Haltestelle Josephplatz, U 3, 6, Haltestelle Giselastraße, Tram 12, Bus 53, 144, Haltestelle Kurfürstenplatz, Tram 27, 28, Haltestelle Elisabethplatz | **Öffnungszeiten** Di–Fr 10.30–19 Uhr, Sa 10.30–15 Uhr

73__Parfümerie Brückner-Bublitz

Vornehm kommt die Welt zur Kundin

Schon damals fand man hier Exklusivität im Flakon. Während sich Ende des 19. Jahrhunderts die Infrastruktur stark verändert und die Stadt sozial entwickelt, eröffnen Philippine und Richard Magnus Brückner eine Parfümerie, in der sich Hofdamen in hochgeschlossenen Kleidern und Zylinder tragende Hofherren mit Rosenwasser und Cologne erfrischen. Als 1905 Prinzregent Luitpold von Bayern den Titel »Parfümerie Brückner-Bublitz – ehemaliger bayerischer Hoflieferant« verleiht, beginnt die Erfolgsgeschichte des Unternehmens.

Später, in den Zeiten des Wirtschaftswunders, wurde die körperbewusste Münchnerin bei der Suche nach feinen französischen Düften und Kosmetik unter dem Glockenspiel fündig. Dank Margarete Bublitz, die mit damals noch unbekannten Marken wie Estée Lauder, Helena Rubinstein und Lancaster »die Münchner High Society begeisterte«. Bei ihr gab es immer den letzten Schrei. Auf Leopardenteppichen wurde zu Parfum und Mascara Champagner serviert.

Bis heute ist Brückner-Bublitz die beste Adresse für alle, die nach etwas Besonderem suchen. Die Palette reicht von Duft über Pflege bis zu Deko und Haarprodukten. Oft bekommt man bei der Konkurrenz zu hören: »Führen wir leider nicht, da müssen sie zu Brückner-Bublitz. « Tanja Bublitz, die Jüngste in der Dynastie, hält den Anspruch auf Exklusives aufrecht, indem sie der preisvernarrten Parfümwelt mit konkurrenzlosen, hochwertigen Produkten und einer fachkundigen Beratung trotzt. Ein eleganter Schachzug – die Kundinnen fühlen sich ernst genommen und genießen die Ruhe.

Das derzeitige Interieur überzeugt durch einen nostalgischen Stil und grenzt sich bewusst optisch von heutigen Parfümerien ab. Fern vom Trubel befindet sich eine kleine Lounge, in der man genießen und auswählen kann. Die Stammkunden wissen die Atmosphäre zu schätzen – hier ist nach wie vor alles exklusiv.

Adresse Marienplatz 8 (Eingang Weinstraße), 80331 München (Altstadt), Tel. 089/23000240, www.parfuemerie-brueckner.com, E-Mail: shop@parfuemerie-brueckner.com | ÖPNV S1, 2, 3, 4, 6, 7, 8, U3, 6, Haltestelle Marienplatz | Öffnungszeiten Mo–Sa 10–18 Uhr

74__Patrik Muff Schmuck

Herr der Ringe

Wahre Trophäen. Auf den ersten Blick wirken die Ringe in den nostalgischen Vitrinen groß, frech und wild. Auf den zweiten Blick wecken sie Erwartungen und den Wunsch, sie anzufassen. Wer Schmuck von Patrik Muff trägt, an dem läuft man nicht so leicht vorbei, sondern man schaut hin und weiß sofort: Das kann nur ein »Muff« sein. Was steckt hinter diesen ungewöhnlichen Preziosen? Ein Blick hinter die Kulissen eines ungewöhnlichen Ateliers.

Der Schmuck: symbolträchtig. Die Ringe haben etwas Päpstliches, Morbides, Naturalistisches, Starkes und Ewiges; die Anhänger etwas Beschützendes.

Dadurch, dass die Schmuckoberfläche nicht glatt poliert wird, besitzen sie eine historische Ausstrahlung. Bei der Anfertigung schnitzt und kreiert Patrik Muff seine arabesken Formen und Ornamente für den Guss eigenhändig. Er selber sieht sich als »eine Art Bildhauer im kleinen Raum«. Nymphenburger Porzellan, Horn, Gold, Saphire, Diamanten, Perlen verwandelt er zu Flügeln, Käfern, Totenköpfen und macht sie unverwechselbar.

Die Botschaft: Zeig mir deinen Ring, und ich sag dir, wer du bist. Oft sind in dem Schmuck Botschaften wie Love, Rock, Hope eingraviert. Der Kunde ist König und letztendlich liegt die Entscheidung bei ihm, welche Signale er mit dem Schmuckstück senden möchte.

Der Künstler: wurde in Luzern geboren, verkaufte seine ersten Ohrringe bereits auf dem Schulhof, absolvierte eine Goldschmiedelehre und studierte Kunst in Köln. In 30 Schaffensjahren entstanden an die 1.000 Formen und Entwürfe. Seine große Leidenschaft: Bele Muff, die mit ihm privat und beruflich eine Einheit bildet.

Das Atelier: im Reich der Sinne. Einen »Muff« gibt es nur in München, Köln und Berlin, an Orten, die seinen künstlerischen Werdegang prägten. Ein Blick in den Gang zur Werkstatt lohnt sich: lauter Geweihe, die seine Sammlerleidenschaft spiegeln und eine Symbiose mit manchem Schmuckstück bilden.

Adresse Frauenstraße 15, 80469 München (Altstadt), Tel. 089/1237040, www.patrikmuff.com, E-Mail: info@patrikmuff.com | **ÖPNV** S 1, 2, 3, 4, 6, 7, 8, 27, Tram 16, 18, Bus 132, Haltestelle Isartor | **Öffnungszeiten** Di–Fr 11–18.30 Uhr, Sa 11–16 Uhr

75_Pfeifen Huber

Münchner Rauch

Bereits in vierter Generation führt Inhaber Georg Huber das Traditionsgeschäft im Tal. Den Grundstein legte 1863 sein Urgroßvater, der Drechslermeister Johann Nepomuk Huber. Seine selbstgedrechselten Pfeifen waren so schön, dass sie immer mehr Freunde haben wollten. Das brachte ihn auf die Idee, zusätzlich zur Werkstatt einen Verkaufsladen zu eröffnen. Neben den typischen Drechslerwaren wie Spazierstöcken und Regenschirmen bot er fortan auch Pfeifen und Raucherartikel an. Die Qualität der Huber-Pfeifen sprach sich herum, und 1914 kaufte Sohn Georg das heutige Geschäft im Tal.

Pfeifen Huber zählt auf Gediegenheit und Understatement: »Hier kauft nicht die Schickeria ein. Unser Fundament ist die Tradition. Wir behalten die Kultur des Rauchens im Auge, daraus schöpfen wir. Unsere Philosophie lautet Qualität, fachkundige Beratung und Service.« Ob Black Cavendish, Ready Rubbed oder Cube Cut, der Pfeifentabak stammt aus den besten Anbaugebieten der Welt und wird durch 64 Huber-exklusive Spezialmischungen ergänzt – wie etwa den beliebten »Münchner Rauch«.

Mitten im Laden befindet sich ein großer begehbarer Klimaraum. »Das ist unbedingt notwendig, denn Zigarren brauchen eine Luftfeuchtigkeit zwischen 60 bis 70 Prozent.« Dort lagern Zigarrenschätze aus den berühmtesten Anbauländern der Welt wie Honduras, Dominikanische Republik, Nicaragua und Kuba.

»Wir haben viele Stammkunden aus den USA, die in unserem Laden in Verzückung geraten, denn Zigarren aus Kuba sind mit einem Embargo belegt.« Aber der Genuss lockt, und viele nehmen gern das Risiko auf sich, um etwas »Kubarauch« ins Land zu schmuggeln. Ein Glücksspiel: Wer Pech hat, ist die Zigarren bei der Einreise wieder los. So mancher Zollbeamte freut sich dann über eine feine Zigarre.

Pfeifen Huber wird der Rauch so schnell nicht ausgehen. Die fünfte Generation steht schon in den Startlöchern, um die Tradition fortzuführen.

Adresse Tal 22, 80331 München (Altstadt), Tel. 089/24235170, www.pfeifen-huber.de, E-Mail: info@pfeifen-huber.de | **ÖPNV** S 1, 2, 3, 4, 6, 7, 8, Haltestelle Marienplatz & Isartor, U 3, 6, Bus 52, Haltestelle Marienplatz, Tram 16, 18, Haltestelle Isartor | **Öffnungszeiten** Mo–Fr 10–19 Uhr, Sa 10–18 Uhr

76__Porzellan Manufaktur Nymphenburg

Weißes Gold über vier Jahrhunderte

Es ist wohl eine der schönsten Adressen in München: Mitten im Schlossrondell, dort, wo früher die Kutschen vorfuhren, liegen die Porzellan Manufaktur Nymphenburg und das dazugehörige Geschäft. In direkter Nachbarschaft im Schloss Nymphenburg befindet sich eine der schönsten Porzellansammlungen Deutschlands.

Moderne wird mit Historischem gepaart. Den Anfang macht der in die Verkaufsräume integrierte Kunstraum. Dort sind zeitgenössische Porzellanobjekte und Kunsteditionen, die in Zusammenarbeit mit namhaften Designern und Künstlern wie Konstantin Grcic, Hella Jongerius, Saâdane Afif oder Olaf Nicolai gestaltet wurden, ausgestellt.

Zugleich lohnt sich ein Gang durch die historischen Verkaufsräume, in denen die kleinen Kunstwerke zu erwerben sind. Man glaubt sich hier in eine andere Zeit versetzt. Die Porzellanherstellung arbeitet noch immer mit der Wasserkraft des Schlossbachs, und die Porzellanmasse wird nach wie vor wie im 18. Jahrhundert gemischt, was tatsächlich mehrere Jahre in Anspruch nimmt. Dann erst können die verschiedenen Porzellanservices, die verblüffend lebensnahen Tierfiguren und Kunsteditionen geformt werden. Mit am faszinierendsten jedoch ist für viele, wie das Porzellan nach dem Brennen mit leuchtenden Farben bemalt wird. Die Maler der Manufaktur sind allesamt hervorragende Kunsthandwerker, die die notwendigen Techniken beherrschen müssen.

Im Geschäft werden hunderte Porzellanfiguren, Schmuck und Geschenkaccessoires zum Kauf angeboten, die aufgrund ihres technischen und gestalterischen Aufwands als Designerstück oder Künstlerobjekt einen besonderen Wert besitzen. Man erwirbt ein Kunstwerk, das vielleicht in wenigen Jahren einen noch sehr viel höheren Wert erzielen kann. Hier bringen nicht die Scherben Glück, sondern das Ungebrochene einer exquisiten Tradition.

Adresse Nördliches Schlossrondell 8, 80638 München (Nymphenburg) & Nymphenburg Store, Odeonsplatz 1, 80539 München, Tel. 089/1791970 & 089/282428, www.nymphenburg.com, E-Mail: info@nymphenburg.com | **ÖPNV** U 1, 7, Haltestelle Gern, Tram 16, 17, Bus 51, Haltestelle Schloss Nymphenburg & U 3, 4 , 5, 6, Bus 100, Haltestelle Odeonsplatz | **Öffnungszeiten** Mo – Fr 10 – 17 Uhr & Mo – Fr 10 – 18.30 Uhr, Sa 10 – 18 Uhr

77 Die Posamenten Manufaktur

Vorhang auf!

Bei Ludwig XIV. erlebten sie ihre Hochblüte. Der Kini wollte sie ebenfalls haben, und jetzt sind sie auch in Japan angesagt. Wie tanzende Mädchen schaukeln Posamenten in einer kleinen Münchner Werkstatt im Westend hin und her. Sie schimmern in allerlei Regenbogenfarben und warten darauf, dass sie später als Quasten an Vorhängen in der Staatsoper schwingen oder an einer königlichen Kutsche wippen werden. Selbstverständlich sind Posamenten nicht nur etwas für prächtige Paläste. In einfachster Form verzieren sie als Raffhalter, Borten oder fransige Quasten auch gewöhnliche Vorhänge, Schränke und Polstermöbel.

Die Posamenten Manufaktur ist deutschlandweit eine der seltenen Adressen für das rare Handwerk. Alle Produkte und die dafür benötigten Utensilien werden dort in der Werkstatt von Hand gefertigt. Seit mehr als 15 Jahren kreiert Tobias Gattermann mit seinem kleinen Team Quasten, Raffseile, Crepinen und Absperrseile nach alten Vorlagen oder in neuem Stil. Mittlerweile beinhaltet die aktuelle Kollektion auch kleine Quasten für Ohrstecker, Handys oder Ketten. Ein Renner bei jungen Leuten. Zu seinen prominenten Kunden zählen das Schloss Linderhof oder der Vatikan, aber auch eine Reihe von Privatkunden, die ein Faible für schönes Wohnen haben.

In der Werkstatt sieht es nach Arbeit aus. Überall, wo das Auge hinwandert: unzählige Farben, Fäden und alte Handwebstühle. Allein das Garnlager mit circa 600 verschiedenen Farbtönen von Auberginenlila bis Zitronengelb aus Baumwolle, Wolle, Viskose, Seide, Gold und Silber nimmt ein Viertel des Raumes ein. Das Finden der richtigen Couleur ist ein kleiner Geniestreich. Bringt der Kunde beispielsweise einen Vorhang aus Seide mit, die in etlichen Farben schillert, ist es am Posamenteur, die richtigen Töne zu treffen, sodass die bestellte Quaste und die Raffhalter mit dem Vorhang perfekt harmonieren. Die Vorstellung kann beginnen!

Adresse Gollierstraße 70 C II, 80339 München (Schwanthalerhöhe), Tel. 089/54072125, www.posamenten-manufaktur.de, E-Mail: info@posamenten-manufaktur.de | **ÖPNV** Bus 53, 133, Haltestelle Gollierplatz, U 4, 5, Bus 62, Haltestelle Heimeranplatz | **Öffnungszeiten** Mo – Do 9–16 Uhr, Fr 9 –12 Uhr

78 Post & Hess Maßschuhe

Auf leichtem Fuß

»Der Fuß ist der von uns am meisten beanspruchte Körperteil. Und einen tragbaren Schuh zu fertigen, ist eine wahre Herausforderung.« Meint Lotte Post, die von Schuhen etwas versteht. Lotte und ihr Kompagnon Korbinian Hess sind zwei junge kreative Schuhmacher, die sich in den Kopf gesetzt haben, den menschlichen Fuß in schöne, stilvolle Schuhe einzubetten. Bequem, ohne dass sich dabei Ästhetik und Qualität beißen. Das wird schon beim Betreten des stimmungsvollen Ladens deutlich – der Verkaufsraum und Schuhmanufaktur in einem ist.

Eine alte museale Presse aus dem 19. Jahrhundert steht nicht nur schmückend an der Wand. Bewusst wird hier Nostalgie mit schlichtem und klarem Design kombiniert. Es ist sichtbar, mit welch einfachen Mitteln ein guter Schuh entstehen kann, wenn man das Handwerk – und hier liegt wirklich die Betonung auf Hand – perfekt beherrscht.

Während Korbinian auf spannenden Umwegen zum Schuhmacherberuf fand, stand für Lotte, die zunächst Modedesign studierte, bald fest, dass sie Schuhe designen und herstellen möchte. Dabei wollen beide traditionelles Handwerk mit zeitgenössischem Design kombinieren. Die feinen alten Techniken des Handwerks erlernten sie in Wien. Lotte bei dem renommierten Schuhatelier Andreas Kudweis. Korbinian bei dem weltbekannten ehemaligen K.-u.-k.-Hof-Schuhmacher Rudolf Scheer und Söhne.

Wer sich einen Schuh machen lassen will, sollte genug Zeit einplanen, denn es erwarten ihn sechs bis zehn spannende Wochen. Vom Maßnehmen, der Anprobe des Probeschuhs bis zum Testen des fertigen Schuhs wird der Kunde in den gesamten Entstehungsprozess involviert. »In der Zwischenzeit ist er herzlich eingeladen, unsere Werkstatt zu besuchen, um sich zu erkundigen, in welchem Stadium sich sein Schuh gerade befindet.« Allein schon dadurch gewinnt man zu dem Schuh eine emotionale Bindung und hat am Schluss einen Schuh fürs Leben. Es kann losgehen.

Adresse Klenzestraße 58 (Eingang Westermühlstraße), 80469 München (Ludwigs-/Isarvorstadt), Tel. 089/89052767, www.postundhess.de, E-Mail: Schuhe@postundhess.de | **ÖPNV** U 1, 2, 7, Tram 16, 17, Bus 132, Haltestelle Fraunhoferstraße, Tram 16, 17, 18, Haltestelle Müllerstraße | **Öffnungszeiten** Di – Fr 11–19 Uhr sowie nach Vereinbarung

79_Pralinenschule

Das muss man selbst erleben

Hier schwinden die Hemmungen. Allein der Kakaoduft im Laden wirkt betörend. Da liegen sie in einer Glasvitrine: köstliche Trüffel und Pralinen – das Glück zum Greifen nah. Schon beim Anblick der hübschen Schokolädchen wird beinahe jeder schwach. Wir probieren die erste Praline: Birne-rosa-Pfeffer. Wir legen sie genussvoll in den Mund, schließen die Augen und warten ab, was passiert. Wir erreichen eine neue Dimension an zarten Gaumenfreuden und müssen uns fast setzen, um dieser schwindelerregenden Vielfalt von Aromen standzuhalten. Wie die Praline selbst schmelzen wir dahin und greifen nach einer neuen: Ingwer-Sesam-Krokant. Das süße Spiel beginnt von Neuem.

An allem schuld ist Kerstin Spehr – eine zurückhaltende Chocolatière, die tagtäglich ohne Hilfe von Maschinen und Geschmacksverstärkern Pralinen per Hand kreiert. In 14 Stunden entstehen an die 1.000 Pralinen. Weltrekordverdächtig!

Ihr Schokoladengeschäft zählt zu den besten Deutschlands und wurde vom »Feinschmecker« ausgezeichnet. Pralinenfans können einen ihrer renommierten Pralinenkurse absolvieren und hinter die Kulissen schauen. Mit viel Humor und ohne komplizierte Hilfsmittel nimmt die Schokomeisterin ihre »Lehrlinge« an die Hand. Von Anfang an dürfen sie Schokolade probieren, rühren, dekorieren. Einer der wichtigsten Prozesse nennt sich »das Temperieren«. Hier werden der Praline Glanz und Konsistenz verliehen. Dabei wird geschmolzene Schokolade auf 28 Grad abgekühlt und auf 32 Grad erwärmt. Eine köstliche Angelegenheit: Immer wieder tauchen dabei die Finger in die Schokolade ein. Doch nur die Lippen verraten die richtige Temperatur. Eine zartschmelzende Praline lebt von den Zutaten, angefangen bei der Grand-Cru-Schokolade bis zur sahnigen Butter.

Doch kein Kurs ersetzt die wichtigsten Tugenden der Chocolatière-Kunst: Ausdauer, Geschick, Liebe zum Detail – und guter Geschmack. Zum Dahinschmelzen!

Adresse Schulstraße 38, 80634 München (Neuhausen), Tel. 089/12111690, www.pralinen-schule.de, E-Mail: info@pralinenschule.de | **ÖPNV** U 1, 7, Tram 12, 62, Haltestelle Rotkreuzplatz, Bus 53, 133, Haltestelle Schlörstraße | **Öffnungszeiten** Di–Fr 11–19 Uhr, Sa 10–14 Uhr

80_Radspieler

Thronsessel und niemals Plastik

Zugegeben: Um eine Neuentdeckung handelt es sich nicht. Dennoch darf das Haus hier nicht fehlen. Allein durch das alte Gebäude in der Hackenstraße 7 zu laufen, das im Jahr 1670 erbaut worden ist, und dabei etwas über seine Geschichte zu erfahren, die in den unterschiedlichen Räumen präsentiert wird, ist schon ungemein inspirierend. Begeisternd hinzu kommt das vielfältige und hochwertige Angebot: Hier gibt es eine schier unüberblickbare Anzahl an Stoffen von der Rolle, tolle Kleidungsstücke, aber auch viele Dinge der Inneneinrichtung wie Stühle und Tische, Lampen und Lüster. Nicht zuletzt bereichert das Angebot eine wunderbare Auswahl an Küchenutensilien wie Services, Gläser, Butterdosen oder Salatschüsseln. Vom Stoff bis zum Gegenstand des täglichen Gebrauchs: alles ist von erlesenem Geschmack und aus Baumwolle, Leinen, Glas oder Porzellan hergestellt. Niemals jedoch wird Plastik verwendet.

Auch besonders erwähnenswert: Hier sind gleich zwei It-Labels vertreten: die Mode der norwegischen Designmarke Oleana sowie des finnischen Labels Marimekko. Für Kennerinnen ist allein das schon ein Grund, hier zu shoppen. Die wunderbaren Farbdesigns sind oft elegant, aber bisweilen auch ländlich und beschränken sich keineswegs auf einen besonderen Frauentyp, sondern die frischen Looks passen zu jeder Enthusiastin oder zu solchen, die es noch werden wollen.

Nach wie vor befindet sich das Gebäude in Familienbesitz. Geschäftsführer Peter von Seidlein und Seniorchef Hubert von Seidlein sind sich der alten Tradition bewusst und betonen, Radspieler sei seinerzeit gar Hoflieferant des Königshauses gewesen. Die mussten es ja wissen. Unter anderem lieferte Radspieler den Thronsessel für Ludwig II. Auch von seinen Dimensionen her ist Radspieler das etwas andere Warenhaus der Spitzenklasse. Aber sehen Sie selbst. Übersehen können Sie es nicht.

Adresse Hackenstraße 7, 80331 München (Altstadt), Tel. 089/2350980, www.radspieler.com, E-Mail: mail@radspieler-muenchen.de | ÖPNV S 1, 2, 3, 4, 6, 7, 8, U 3, 6, Bus 52, Haltestelle Marienplatz | Öffnungszeiten Mo–Fr 10–19 Uhr, Sa 10–18 Uhr

81 Raum für Herzensdinge & Ware Freude

Von erster Hand gemacht – von zweiter geliebt

Im Trendviertel Neuhausen gibt es seit 2012 ein Geschäft mit einem besonderen Konzept – und zwei engagierten Inhaberinnen: Kathrin Steinbeck und Stephanie Steppich warfen ihr Know-how und ihren Anspruch an Design, Qualität und Regionalität zusammen und verkaufen in ihrem verschachtelten Laden Secondhand-Artikel für Kinder sowie handgemachte Lieblingsstücke für die ganze Familie.

Im Raum für Herzensdinge finden sich aus zweiter Hand hochwertige Marken wie Marco Polo, Petit Bateau oder Miniboden in den Größen 50 bis 140, dazwischen handgemachte Dirndl für Madln und Lederhosen für Buam, Schuhe und Kinderbücher. Geht man weiter durch das kleine Labyrinth, werden die Augen noch größer: In Pastelltönen locken Schnullerbänder, Kindergartentaschen, Spielkoffer, recycelte Geldbeutel aus Lkw-Plane, Wies'nschmuck, Knöpfe, Wickelketten, Fahrradbezüge, Porzellanknäufe – hergestellt von kleinen Manufakturen mit Namen wie Spatzl & Stenz, Holdrio, Stulle Berlin, Heimatfeeling –, regional, aber nie piefig. Ein Label liegt Kathrin Steinbeck besonders am Herzen: Lemonfish produziert im Rahmen eines sozialen Projektes angesagte Taschen aus alten Seesäcken.

Auch für Stephanie Steppich zählen Nachhaltigkeit und soziales Engagement: Ein Teil des Erlöses von Ware Freude kommt einem gemeinnützigen Münchner Verein zugute. In ihrer Manufaktur veredelt sie Fair-Wear-Shirts und Wohntextilien wie Kissen, Geschirrtücher, Servietten mit feinem Pinselstrich und Textilfarbe. Motive sind heimische Tiere wie Amsel und Hirsch, das Holz für die allerliebsten Tür- und Holzschilder im Vintage-Look kommt aus der Schreinerei ihres Schwagers. Der Renner: Dogbags zum Anklinken an den Gürtel aus recycelten Jeans.

Jedes Stück ein Unikat; alles mit Herz, von Hand und von hier. Das macht wa(h)re Freude.

Adresse Wendl-Dietrich-Straße 11 (Eingang Gudrunstraße), 80634 München (Neuhausen), Tel. 089/45237085, www.herzens-dinge.de & www.ware-freu.de, E-Mail: info@herzens-dinge.de & steppich@ware-freu.de | **ÖPNV** U 1, 7, Tram 12, Bus 53, 133, Haltestelle Rotkreuzplatz, Bus 62, Haltestelle Winthirplatz | **Öffnungszeiten** Mo–Fr 10–13 & 14.30–18.30 Uhr, Sa 10–14 Uhr

82_Rikiki

Wo die Kinder-Freude wächst

Vorbei die Zeiten, in denen getragen wurde, was auf den Bügel kam: Seien wir mal ehrlich, für unsere Kleinen wollen wir immer nur das Schönste und Beste. Die Kleidung sollte am liebsten aus Biomaterialien genäht sein und bequem sitzen. Gleichzeitig sollte sie individuell gestaltet und robust sein. Die Eltern wählen sensibilisierter aus, und die Kinder haben ein verstärktes Modebewusstsein entwickelt.

Rikiki gelingt es, den hohen Ansprüchen auf eine unaufgeregte Art zu begegnen. Drei Frauen haben begonnen, Kindersachen zu nähen, als ihr Nachwuchs und der von Verwandten auf die Welt kamen. Zum Teil benannt nach den Sprösslingen, entstanden drei Labels: »Mia und Henry« alias Ute Reitmaier-Studt, »Luna Maya« alias Cathrin Giovannone und »Servane« alias Servane Eveno, die sich in ihrem Stil perfekt ergänzen. »Mia und Henry« ist eher burschikos-nostalgisch und erinnert an englische Mode aus früheren Zeiten. Die Leinenhose mit Hosenträgern hätte sicher auch Oliver Twist gefallen. Für die Mädchen gibt es herrliche Leinentunikas.

Mädchenhaft-chic präsentiert sich die Mode von »Servane«, die in eher französischem Stil gern mit witzigen Details spielt. Ganz originell: die Blusen aus hochwertigen Hemdstoffen oder die süßen Volantröckchen mit Japanmuster. Der Kreis schließt sich mit »Luna Maya«, das mit knalligen Farben und süßen Accessoires kokettiert. Alle drei legen Wert auf die Qualität und Herkunft ihrer Materialien.

Fair ist auch die Herstellung, denn alle Frauen designen und nähen ihre Sachen selbst, ja, manchmal helfen aus Spaß auch die eigenen Kinder mit.

Unschlagbar ist der Service. Will man etwas ändern lassen: Kein Problem, lässt sich nähen. Ist etwas kaputt gegangen: Lässt sich wieder reparieren. Soll der Saum zum Weiterwachsen rausgelassen werden: Klar, wird alles in der ladeneigenen Werkstatt gemacht. Alles vom Feinsten. Bio, bequem, cool, individuell, robust, angesagt …

Adresse Sedanstraße 29, 81667 München (Haidhausen), Tel. 089/45911488, www.miaundhenry.de, E-Mail: info@miaundhenry.de | **ÖPNV** S 1, 2, 3, 4, 6, 7, 8, 27, U 5, Tram 19, Bus 54, 55, 100, 145, 152, 155, 187, Haltestelle Ostbahnhof | **Öffnungszeiten** Mo–Fr 10–18 Uhr, Sa 10–14 Uhr

83__Die Ritter

Wo es nach Honig und Stahl duftet

Edelmetall überall. Es handelt sich wohl um den bestbewachten Laden der Stadt: Die Ritter. Wie der Name bereits verrät, blickt ein gigantischer Chevalier mit Schwert vom Schaufenster herab. Wer seinen Mut zusammennimmt und den Fuß über die Schwelle setzt, hat gewonnen. Vom Boden bis zur Decke ist er mit mittelalterlichen Gewändern aus Samt und Leinen gefüllt. Hinzu kommen Rüstungsteile aus Eisen sowie Kettenhemden. Imposant ist die Waffenwand hinter dem Tresen: Schwerter, wie man sie aus Gladiatorenfilmen oder vom Kaltenberger Ritterturnier her kennt, das übrigens von Brigita Sopko, der Ladenbesitzerin, mitorganisiert wurde.

Und schon serviert sie einen Begrüßungsdrink: ein Gläschen süßlichen Mets. »Das ist ein Wunderheilmittel«, so die Eiserne Lady. Ihr Met wurde mehrfach ausgezeichnet und kommt aus der Tschechischen Republik, genauso wie die Rüstungen und Schwerter. Teils werden sie noch nach alten Verfahren hergestellt. Das ist wichtig, denn eine Ritterrüstung muss perfekt sitzen und gut verarbeitet sein. Für die Damen gibt es – neben den Gewändern – sogar ein Highlight: einen handgemachten Kettenbüstenhalter.

Damals blieb dem Ritter wenig Bewegungsfreiheit, immerhin trug er 30 bis 40 Kilogramm am Körper. Hinzu kam die Waffenausrüstung: ein Schwert, eine Lanze oder eine Axt. Einen augenfälligen Nachteil wiesen die Rüstungen auf: Sie waren so schwer, dass viele ihrer Träger bei Stürzen ins Wasser ertranken.

Das Mittelalter endete bekannterweise mit der Renaissance. Doch heute erlebt es eine erneute Blüte: Der Laden hat viele Stammkunden, die sich gerne gewanden und auf Märkten oder Festspielen den mittelalterlichen Lebensstil nachempfinden möchten. Eine schöne Gelegenheit, um abzuschalten und dem Alltag zu entrinnen. Meist stellen die »Iron Men« ihre Schwerter dann zur Seite und stoßen mit der »Iron Lady« auf ihr Wohlbefinden an.

Adresse Thalkirchner Straße 14, 80337 München (Ludwigs-/Isarvorstadt), Tel. 089/26011741, www.die-ritter.de, E-Mail: die-ritter@web.de | ÖPNV U 1, 2, 3, 6, 7, Tram 16, 17, 18, 27, 28, Bus 62, Haltestelle Sendlinger Tor | Öffnungszeiten Mo–Fr 13–19 Uhr, Sa 13–17 Uhr

84 Magnus Schraudolph – Leder und Schaumstoffe

Von Lederstrumpf und Sofalandschaft

Eine Siska-Folge wurde hier auch schon gedreht. Die Hauptdarsteller allerdings sind andere: Hier begegnen sich Kunststoff und der Naturstoff Leder in einer schier unglaublichen Fülle von Dingen. Das erfordert natürlich gute Beratung, und gerade da ist man bei Schraudolph bestens aufgehoben. Es geht freundlich und sachkundig zu.

Allein die Schaumstoffe – alles nach Maß: Die Auswahl an Varianten ist erschlagend. Ob man sich nun eine Schlafmatratze wünscht, ein Innenleben für den Fotokoffer, eine Dichtung für die Spülmaschine, Schaumstoffwürfel für die Kinder-Spielecke oder Kunststoff-Bodenroste für die Terrasse – oder ob man nur wissen möchte, wie man sich ohne viel Aufwand für wenig Geld eine ganze Sofalandschaft baut oder was es mit biologisch abbaubaren Kunststoffen auf sich hat: Kein Wunsch und keine Frage bleiben offen.

Die Auswahl an Lederprodukten ist nicht weniger eindrucksvoll. Hier erst realisiert man, wie viele Dinge aus dem Naturprodukt gefertigt werden. Im Angebot sind Gürtelschnallen, Schnüre, Schuheinlagen, Ledercremes; kurz: vom Leder einer ganzen Kuh bis zu farbigen Lederbändchen einfach alles. Natürlich führt Schraudolph praktisch jedes spezielle Reinigungs- und Pflegemittel.

Der Gründer war seinerzeit übrigens »Königlich Bayerischer Hofschuhmachermeister«, bevor er in den 1920er Jahren das Geschäft eröffnete. Damals gab es noch keine Kunststoffe – die kamen erst in den 1950er Jahren hinzu. Heute werden die Materialien in etwa gleich stark nachgefragt.

Nur auf den ersten Blick erscheint es erstaunlich, dass sich solch ein Geschäft mit Lokalkolorit beharrlich in unserer Zeit zu halten vermag. Denn: Hier ist noch der Kunde König und der Laden der wahre Tatort für jeden, der in Sachen Kompetenz und Freundlichkeit so richtig bedient werden möchte.

Adresse Kurfürstenstraße 21, 80801 München (Schwabing-West), Tel. 089/2710206 | **ÖPNV** Tram 27, 28, Haltestelle Nordendstraße | **Öffnungszeiten** Mo–Fr 11–13 Uhr & 14–18 Uhr

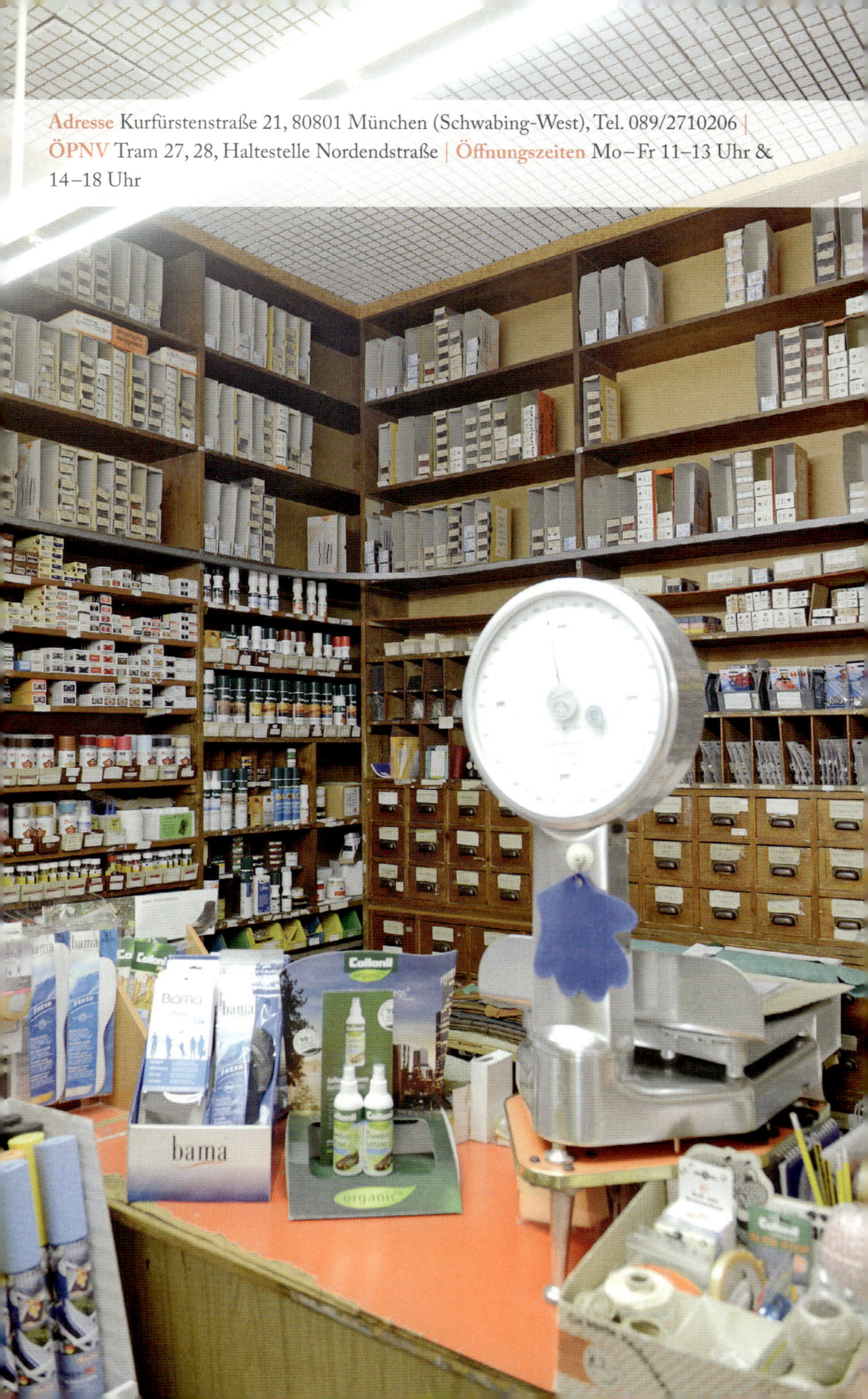

85 Schröder

Weltreise auf 25 Quadratmetern

Sonderlich global wirkt die graue Tür nicht, wenn man vor Caroline Schröders Schatzkiste steht. Der Blick ins Schaufenster jedoch verrät, dass sich dahinter ein kurioses Sammelsurium verbirgt. Vom Boden bis zur Decke ist der Laden mit Gegenständen aus der ganzen Welt geschmückt. So beginnt eine Weltreise auf 25 Quadratmetern. Gleich am Eingang steht eine gusseiserne Wasserspringschale aus einem chinesischen Tempel. Die Besitzerin zeigt, wie es funktioniert: Nach dem rituellen Händewaschen fasst man an die Henkel, reibt sie, und siehe da: Das Wasser fängt an zu springen und die Schale zu singen. Hinten im Laden schweben bunte Ufos. Das sind »Piñatas« aus Mexiko. An Geburtstagen hängt man sie auf, und die Kinder schlagen mit einem Stock darauf ein, bis ein Bonbonregen herabfällt. Die Reise geht weiter, nach Radschastan, Nepal, Indien, England, Frankreich, Ecuador, Indonesien.

Angefangen hat alles 1974 mit rotchinesischen Produkten wie Papierkunst, Möbeln, der Maobibel und Bambusregalen. »Damals hat es eingeschlagen«, so die gelernte Innendekorateurin, die ihren Laden zum zweiten Wohnzimmer gemacht hat. Wenn man bei Schröder ist, dann trifft man auch nur Schröder an. Nur sie kann zu jedem Gegenstand eine spannende Geschichte erzählen.

Immer wieder wechselt sie mit Absicht das Sortiment und geht ihrem Gefühl nach, »Sachen aufzuspüren, die die anderen nicht haben«. Ganz bewusst meidet sie den »letzten Schrei« und schwimmt so immer gegen den Strom.

Dennoch gibt es einen Klassiker: die Wunderkammer. An der Wand stehen 70 Glasschuber, gefüllt mit allerlei Schnickschnack – von Pustefix bis zu Chilikaugummi, Knallfröschen, Aufklebern. Die Preise beginnen bei 10 Cent und hören bei 6,50 Euro auf. Die Versuchung ist groß, genauso wie die Enttäuschung der Kunden, wenn etwas ausverkauft ist. Doch die nächste Weltreise kommt bestimmt …

Adresse Georgenstraße 24 (Eingang Friedrichstraße), 80799 München (Maxvorstadt), Tel. 089/331149, www.linaschroeder.de, E-Mail: info@linaschroeder.de | ÖPNV U 3, 6, Haltestelle Giselastraße, Tram 27, 28, Haltestelle Nordendstraße | Öffnungszeiten Mo–Fr 11–14 Uhr & 16–19 Uhr, Sa 11–15 Uhr

86 Schuh Bertl

Shoetime

Zwei Dinge brauche man im Leben, heißt es: ein gutes Bett und ein gutes Paar Schuhe. Letztere bekommt man hier. In dem winzigen Laden riecht es anheimelnd nach Leder und Werkstatt, aber ein klassischer Flickschuster ist Meister Bertl schon lange nicht mehr, sondern mittlerweile Institution, ja, Legende. Er selbst sieht sich als einen Industriellen, der Schuhe entwickelt und Prototypen baut, um sie dann in Serie fertigen zu lassen: »Mein Glücksmoment ist, einen Schuh aus einem Stück Leder zu bauen – und es haut dann hin.«

Seit 1989 führt Bertl seine Werkstatt für handgefertigte und maßgeschneiderte Schuhe. Alles begann mit dem »zwiefach genähten Haferlschuh«, einem typisch bayerischen Schuhmodell mit langer Tradition, der durch seine handgenähte Doppelnaht besonders urig und robust ausfällt; ein Schuh für ein ganzes Leben. Für Bertl ist sein Können das A und O. Authentisches und vollendetes Handwerk zeichnet alle Lederwaren in seinem Laden aus. Neben Schuhen in zahlreichen Formen und Farben fertigt er Lederhosen, Gürtel und Taschen. Dabei verarbeitet er gängige Ledersorten von Rindern oder Hirschen, aber auch exotische, etwa von Gämsen oder Straußen. Für den ehemaligen Papst Benedikt – zur Kundschaft zählt jegliche Art von Prominenz – durfte es Leder vom Zicklein sein, in würdigem Rot, Größe 43, aus einem Stück gefertigt, persönlich in den Vatikan geliefert und später für den Tragekomfort belobigt.

Hochgelobt wird auch der bequeme Damenschuh mit Absatz und aus weichstem Naturleder, den der Meister für die gnädige Frau in den verschiedensten Farben, von Cognac bis Kaffeebraun und Schwarz, anfertigt. Ein echtes Kunstwerk, weil er auch aus nur einem Stück Leder gefertigt wird und schön geschwungen ist.

Von der Society gefeiert und vom Papst abgesegnet – eine höhere Auszeichnung gibt es in einem bayerischen Schusterleben nicht.

Adresse Kohlstraße 3, 80469 München (Ludwigs-/Isarvorstadt), Tel. 089/297162, www.schuh-bertl.de, E-Mail: info@schuh-bertl.de | **ÖPNV** S 1, 2, 3, 4, 6, 7, 8, 27, Tram 16, 18, Bus 132, Haltestelle Isartor | **Öffnungszeiten** Di–Fr 11–20 Uhr, Sa 11–17 Uhr

87 Schuhhimmel & 7. Himmel

Easy going

Paradies an den Füßen. Unkompliziert. Cool. Spontan. Bequem und garantiert niemals langweilig ist die bunte Auswahl an Sneakern, Boots und Sandalen und eigentlich der ganze Laden im Glockenbachviertel. Der Schuhhimmel ist das Gegenteil von Kaufhausschuh-Höllen. Keine Massenware, keine überkandidelten Pumps, kein penetranter Gummigeruch.

Man kann es nicht anders sagen, aber der Laden ist einfach Kult. Vielleicht liegt es an der jedes Mal überraschenden Schuhauswahl oder an der lässigen Vintage-Einrichtung. Oder an der wahnsinnig netten und humorvollen Beratung.

Hier tummeln sich alle, die nicht immer jedem Trend nachrennen und keinen Bock haben, 300 Euro für einen Schuh auszugeben. Hier passt zusammen, was eigentlich gar nicht zusammenpasst. Und das ist der Charme des Ladens. Die Labels stammen meist aus England, Portugal oder Spanien und entsprechen dem mittleren Preisniveau.

Mittlerweile werden die Betreiberinnen Solveig Zechner und Mascha Löw von den Schuhvertretern als »beratungsresistent« bezeichnet. Sie haben ihren eigenen Kopf und wählen ganz intuitiv aus, was in der kommenden Saison angesagt ist. Tatsächlich sind sie in der Hinsicht immer wieder mal Trendsetter gewesen. Zurzeit ist bei ihnen Vintage, klassisch und Retro angesagt. Aber das kann sich bald wieder ändern. Denn die beiden Damen sind für jede Art von Überraschung offen.

Wer im Schuhhimmel schwebt, ist dem 7. Himmel nah. Das ist eigentlich der erste Streich, den Solveig Zecher gespielt hat, als sie in den 1970er Jahren eine Wohnung mit Ladenfläche gemietet hat. Sie dachte sich: Wenn ich schon eine Ladenfläche habe, dann mache ich einen Laden auf. Chamäleonartig wandelte sich der 7. Himmel über die Jahrzehnte. Heute steht er für witzig-coole Mode. Das Schöne ist: Braucht man einen passenden Schuh dazu, fällt man einfach ein Paar Meter schräg gegenüber in den Schuhhimmel. Himmlisch unkompliziert.

Adresse Hans-Sachs-Straße 18 & 17, 80469 München (Ludwigs-/Isarvorstadt), Tel. 089/26023150 & 089/267053, www.siebterhimmel.com, E-Mail: mail@siebterhimmel.com | ÖPNV U 1, 2, 7, Tram 16, 17, Bus 132, Haltestelle Fraunhoferstraße | Öffnungszeiten Mo–Fr 11–19 Uhr, Sa 10–18 Uhr

88__Sigl Licht

Nichts für Lichtscheue

»München leuchtete.« So beginnt eine Novelle von Thomas Mann, der fast die Hälfte seines Lebens in München verbrachte. Betritt man über einen idyllischen Hinterhof die 650 Quadratmeter großen Verkaufs-, Ausstellungs- und Fertigungsräume von Münchens einziger Lichtmanufaktur, die sich eindrucksvoll über mehrere Ebenen erstrecken, gerät man in einen Rausch von Licht. Lichtduschen, beleuchtete Spiegel, Klemmleuchten, Schienen- und Single-Systeme oder Einzelleuchten tauchen die Räume in brillantes Licht. Den Bayerischen Staatspreis 2013 erhielt Sigl Licht für die LED-Leuchte Dolorinua, die warmweißes Tischlicht erzeugen und den Raum in 16.000 Farbtöne tauchen kann: »Das Auge isst mit, aber nur mit Licht.« Neben den hauseigenen Serien werden auch Lampen von Designern wie Catellani & Smith, Lumina und Vibia verkauft. Über das Lichtimperium herrscht seit mehr als 25 Jahren Klaus Sigl, unterstützt von einem zehnköpfigen Mitarbeiterstab.

Die Philosophie: »Licht für Individualisten zu gestalten«. Der gebürtige Münchner und studierte Elektrotechniker baute Sigl Licht von der kreativen Tüftelstube zu einem der innovativsten Leuchtenproduzenten aus. So entwickelte er in den 1980er Jahren die Seilleuchte »Wave« – heute ein Klassiker.

Licht sei »ein phantastisches Element«, so Sigl, stehe aber im Ruf, schwierig zu sein. Viele Menschen kommen nach dem Besuch einschlägiger Möbelhäuser frustriert zu ihm. Seine Leidenschaft ist die intensive Beratung seiner Kunden, um mit seinen Leuchten, die sich unterschiedlich gruppieren und einsetzen lassen, eine »Atmosphäre zu schaffen, die Freude macht«. Deckenleuchten sind ein Tabu für ihn.

Klaus Sigl beleuchtet nicht nur kleine, sondern auch große Räume. So übernahm seine Manufaktur die Lichtplanung für das Olympiadrehrestaurant, das Bayerische Nationalmuseum oder das Cuvilliés-Theater. München leuchtet – in den schönsten LED-Regenbogenfarben.

Adresse Körnerstraße 2, 80469 München (Ludwigs-/Isarvorstadt), Tel. 089/2011946, www.sigllicht.de, E-Mail: info@sigllicht.de | ÖPNV U 1, 2, 7, Tram 16, 17, Haltestelle Fraunhoferstraße, Bus 58, 132, Haltestelle Baldeplatz | Öffnungszeiten Mo–Fr 9–17 Uhr, Do 9–20 Uhr, Sa 10–16 Uhr (Sa nur von Sept.–April)

89 Der Sizilianer – Trinacria

Liebe geht durch den Magen

München Haidhausen, vor ungefähr fünf Jahren. Ein junger Sizilianer radelt tagtäglich an einem griechischen Lebensmittelladen vorbei. Gefesselt von der Idee, auch mal einen kleinen Laden aufzumachen.

Szenenwechsel, einige Monate später. Das kleine Geschäft gibt es zu vermieten. Roberto Careri schlägt zu und beginnt Feinkost, Käse und Gemüse aus Sizilien zu verkaufen. Und weil ihm manchmal langweilig ist, kocht er in der kleinen Küche mittags Pasta, täglich frisch. Es spricht sich herum: Innerhalb von Wochen ist der Laden mittags rappelvoll. Also stellt er richtige Tische und Hocker hinein; wenige Monate später kommt ein Kellner hinzu. Das Gemüse und der Käse müssen den steigenden Besucherzahlen weichen. Die Feinkost darf bleiben – und auch die kleine Küche direkt hinter der Kasse hat sich bis heute nicht verändert. Typisch italienisch ist das Mobiliar der 1950er, 1960er, 1970er Jahre. Alles retro. Roberto Careri ist Koch und Sammler in einem und sein Laden eine kulinarische Oase, ein Stück Italien.

Blickwechsel. Weniger retro, sondern eher revolutionären Ursprungs sind die italienischen Produkte in einem Eckregal: Artischockenpaste, Orangenmarmelade, Olivenöl, Pasta in jeglichen Variationen, passierte Tomaten, Limoncello und Weine aus Sizilien oder Puglia. Sie stammen von »Libera terra« – befreite Erde, einer Initiative und Kooperative, die auf ehemaligen Mafia-Ländereien biologische Produkte anbaut und unter fairen Bedingungen verkauft. Das Projekt verhilft Bauern zur Unabhängigkeit und Selbstständigkeit.

Zurück nach München. Liebe geht zweifellos durch den Magen, wenn Careri über seine Pasta, Dolci und Snacks spricht: Orangenkuchen, Haselnussmandelkuchen, Frittate, Pizzette. Für ihn ist Kochen mehr als Leidenschaft – es ist die Liebe zum Essen und zu den Zutaten. Eine Erfolgsgeschichte auf Italienisch.

Adresse Balanstraße 25, 81669 München (Haidhausen), Tel. 089/45479084, www.dersizilianer.com | **ÖPNV** S 1, 2, 3, 4, 6, 7, 8, 27, Tram 15, 25, Haltestelle Rosenheimer Platz | **Öffnungszeiten** Mo–Fr 9–17 Uhr, Sa 10–14 Uhr

90__Soda

Ornament ist kein Verbrechen

Eine Schwäche für die Experten: Viele von uns lieben Geschäfte, die sich ganz einem bestimmten Thema widmen. So finden wir die volle Bandbreite eines Interessensgebiets vor. Ein solches Geschäft ist Soda, nunmehr einige Jahre auf dem Markt und mit allen Sinnen und für alle Sinne auf das komplexe Thema Design spezialisiert. Die Auswahl der Bücher und Fachzeitschriften wie »Le Gourmand«, »Schön!« oder »Elephant« ist beeindruckend, und die Publikationen sind nach Fachgebieten geordnet: Da gibt es – um nur einige zu nennen – Grafikdesign, Architektur, Mode, Fotografie, Illustration, Typografie, Buchgestaltung, Kalligrafie – und sogar Tätowierungen.

Bekanntlich ist Design eine mächtige Waffe im Kampf um die Gunst der Käufer bei einem ansonsten ähnlichen Produkt. Hier zeigt sich die Kunst, eine Maschine oder einfach nur Plastikdosen so unvergesslich und gefällig zu gestalten, dass der Kunde spontan zu diesem Produkt greift und ein anderes liegen lässt. Design macht Häuser wohnlicher, Autos schöner und Alltagsgegenstände brauchbarer. Kein Wunder, dass die großen Gestalten dieses Genres als Design-Päpste geadelt werden wie sonst nur die sogenannten Mode-Zaren.

Gutes Design eignet man sich am besten durch Vergleiche und Ideenfindung an. Nichts ist dafür geeigneter als ein solch umfassend sortierter Laden wie Soda. Auch die Entwicklungen über die Jahre werden hier augenfällig. Vieles, was uns noch vor ein paar Jahren futuristisch erschien, sieht heute altbacken und langweilig aus. Unsere Wahrnehmung gleicht sich den neuesten Moden der Designer ständig an.

Besonders augenfällig wird das beim Fortschritt von Computerprogrammen. Welchem IT-Designer es gelingt, eine Programmoberfläche – zum Beispiel bei Smartphones – möglichst schnittig und dabei selbsterklärend zu entwickeln, kann mit dieser Software enormen Umsatz generieren. Und wie macht er das? Die Inspiration dazu holt er sich bei Soda!

Adresse Rumfordstraße 3, 80469 München (Ludwigs-/Isarvorstadt), Tel. 089/20245353, www.sodabooks.com, E-Mail: info@sodabooks.com | **ÖPNV** U1, 2, 7, Bus 132, Tram 17, Haltestelle Fraunhoferstraße, Tram 16, 18, Haltestelle Reichenbachplatz, Bus 52, 62, Haltestelle Gärtnerplatz | **Öffnungszeiten** Mo–Fr 10–19 Uhr, Sa 10–18 Uhr

91 Spanisches Fruchthaus

Rosen und Mimosen

Paradiesische Verhältnisse herrschen in dem kleinen Schaufenster am Rindermarkt. Die Augen können sich kaum sattsehen an der üppigen Früchtepracht: kein Frischobst, sondern kandierte und kristallisierte Früchtchen, Rosen-, Veilchen-, Verveine-, Pfefferminzblätter oder Mimosenblüten – aromatisch, süß und knusprig. Die Klassiker sind kandierter Ingwer, Zitronat und Orangeat, Engelswurz oder junge Walnüsse und Mandeln mit Schale; sie schmecken köstlich saftig, und es gibt sie nur saisonal.

Das Kandieren ist ein Konservierungsprozess, bei dem die Früchte so lange in Zucker gekocht werden, bis sich der Saft auskocht. Bei den kristallisierten Blüten wird die Blüte mehrmals in natürlich gefärbten, heißen Zuckersirup getaucht und dann auf ein Trocknungsgitter gelegt. Das Sortiment stammt von einer namhaften deutschen Firma, die ihre Früchte in Rheinland-Pfalz kandieren lässt. Nicht geschwefelt, sondern mit Zitronensäure konserviert.

Immer wieder kehren die Stammkunden aus aller Welt zu Marion Schmöller zurück, die das Früchtehaus in der dritten Generation betreibt. »Opa hat die Idee gehabt!« Das war 1915, als der Mallorquiner Miguel Adrover und die Münchnerin Centa Walz – Schmöllers Großmutter – ein für die damalige Zeit exotisches Paar bildeten. So wie ihre Ehe war auch das Geschäft in München ganz schön mondän. 1947 zog es in den Ruffiniblock, wo es bis heute logiert. Direkt nach dem Krieg allerdings wurde nichts Kandiertes, sondern frisches Obst – Luxusware – verkauft: die besten Bananen und frische Ananas. Peu à peu waren hier Weine aus Marseille, getrocknete Feigen und Datteln, Olivenöl und Weine vom Fass zu haben. Als es den Señor wieder zurück nach Mallorca zog, führte es die Señora weiter. Marion Schmöller hat die Original-Einrichtung belassen. Bis heute wird – wie in Spanien – an einer separaten Kasse bezahlt. Hier leben Sonne, Sinne – und Zucker.

Adresse Rindermarkt 10, 80331 München (Altstadt), Tel. 089/264570 | ÖPNV S 1, 2, 3, 4, 6, 7, 8, U 3, 6, Bus 52, Haltestelle Marienplatz | Öffnungszeiten Mo–Fr 9.30–18.30 Uhr, Sa 10–18 Uhr

92 Stefanie Duckstein

Das Suchbild

Wo kann man eine Menge Humor kaufen und dabei einen Einblick gewinnen, wie ein Buch oder ein Bild entstehen? In einem winzigen Atelier im Westend schwingt eine junge Künstlerin den Pinsel, klebt Schnipsel, fährt mit beklebten Walzrollen übers Papier, bis es fertig ist: eine Mischung aus Malerei, Zeichnung, Collage und Druck. Daraus entstehen dann Bücher, verschiedenste Auftragsarbeiten und Postkarten – an die 100 ausgefallene Motive zu Geburtstag, Taufe, Ostern, Weihnachten. All das und sogar auch Leinwanddrucke und Originale können erworben werden.

Stefanie Duckstein ist Illustratorin und Autorin in einem, die auch viel für Münchner Verlage und Zeitschriften arbeitet. »Geht der Hai ins Hallenbad…« ist einer ihrer Streiche. Eine illustrierte Witzesammlung, die man am liebsten immer bei sich hätte – man weiß ja nie, wann es im Leben wieder ernst wird. Die Künstlerin bringt richtig Schwung in ihre Bilder, sodass »es skizzenhaft, locker, luftig und zugleich durchkomponiert aussieht«. Erst bei genauem Hinsehen erkennt man, dass vieles auf dem Bild nicht gemalt ist, sondern aus rätselhaften Mustern besteht.

Das ist kein Zufall: Gearbeitet wird mit allem, »was Strukturen hinterlässt«. Pinsel, Kreide, Buntstifte kommen genauso zum Einsatz wie selbst gemachte Strukturrollen aus Gummihandschuhen, Haargummis, Tischsets. Die werden auf die Rollen geklebt, dann in einem Stempelkissen gewälzt – und schon hat das Kasperle ein hübsches Gewand oder der Vogel ein seltenes Federkleid.

Die studierte Kunstpädagogin sprüht vor Ideen. Daher wird auch selten etwas weggeworfen, wer weiß, ob das nicht die nächste Idee für ein Phantasiewesen wäre. Das Atelier platzt aus allen Nähten und ist für sich genommen schon ein großes Suchbild, auf dem es immer etwas zu lachen gibt. Hier noch ein typischer Duckstein-liebling: »Frau Trauthold schimpft ihren Mann: Jeder Urlaubstag hier kostet uns 200 Euro, und du liest ein Buch!«

Adresse Parkstraße 7, 80339 München (Schwanthalerhöhe), Tel. 089/36105392, www.stefanie-duckstein.de, E-Mail: post@stefanie-duckstein.de | **ÖPNV** S 1, 2, 3, 6, 7, 8, 27, Haltestelle Hackerbrücke, Tram 18, 19, Haltestelle Schrenkstraße | **Öffnungszeiten** Atelierbesuch nur nach telefonischer Vereinbarung

93 Das Stilhaus

Meine Kunden sind meine Gäste

Möbel rücken und Kissen schütteln. Schon als Kind brachte Inhaberin Barbara Schütte ihre Eltern zur Verzweiflung. Ob zu Hause oder im Hotelzimmer, alles wollte ständig umdekoriert werden. »Ich bin schon mit einem Möbelrück-Gen auf die Welt gekommen – wohl das Erbe meiner Großmütter.«

Beide Damen legten viel Wert auf Ambiente und Tischkultur. Eine Großmutter hatte das Dekorationstalent. Die andere war leidenschaftliche Köchin und geborene Gastgeberin. »Zu besonderen Anlässen durfte ich bei meiner Deko-Oma das Frühstücksei aus einem himmelblauen Porzellan-Eierbecher mit Goldrand löffeln. Die Kulinarik-Oma lud traditionell jeden Samstagnachmittag zu geselligem Kaffeeklatsch und selbst gebackenen Köstlichkeiten.«

Mit einer Ausbildung im Glas- und Porzellanfachhandel fing alles an. Danach folgten spannende Jahre im Lindauer Auktionshaus sowie die Betreuung des Meissner Porzellanshops.

Vor zwei Jahren entstand die Idee eines Ladengeschäfts samt individueller Einrichtungsberatung für private Haushalte und Firmen. Im Vordergrund stehen ausgewählte Porzellanmanufakturen wie Hering Berlin, KPM, Sieger by Fürstenberg und exklusive Marken, um Beispiel Orrefors Schweden, Raumgestalt und Dialma Brown Interiors. Zusätzlich werden ganztägige Knigge-Kurse in »Moderner Umgangsform« angeboten sowie die Tradition literarischer Salonabende des 19. Jahrhunderts wiederbelebt. In regelmäßigen Abständen finden Themenabende zu Tischkultur und literarische Autorenzirkel statt, entweder direkt im Stilhaus oder im nahen Restaurant Broeding, das den passenden kulinarischen Rahmen für die stilvollen Lesungen und Vorträge schafft.

»Ich sehe mich als Gastgeberin, meine Kunden sind meine Gäste.« So passiert es öfter, dass aus Gästen Freunde des Hauses werden. Einige fühlen sich im Laden schon so sehr zu Hause, dass sie bei Engpässen kurzerhand Kunden, pardon, Gäste, beraten, Espresso kochen, Möbel rücken und Kissen schütteln.

Adresse Donnersbergerstraße 44a, 80634 **München (Neuhausen), Tel. 089**/60060274, www.das-stilhaus.de, E-Mail: info@das-stilhaus.de | ÖPNV U 1, 7, Tram 12, Bus 53, 62, 133, Haltestelle Rotkreuzplatz, S 1, 2, 3, 4, 6, 7, 8, Bus 53, 133, Haltestelle Donnersberger-brücke, Tram 16, 17, Haltestelle Donnersbergerstraße | Öffnungszeiten Mo–Fr 10.30–19 Uhr, Sa 11–17 Uhr

94 Suckfüll

Marmor, Stein & Eisen

Erfolgsgeschichten für Liebhaber gibt es vor allem hier: Gewöhnt an die vielen Heimwerkermärkte allerorten, haben wir schon fast vergessen, dass der passionierte Freund der heimischen Bastelei noch vor gar nicht langer Zeit all die begehrten Dinge auch in überschaubaren Läden in der Innenstadt kaufen konnte. Indes: Trotz der erdrückenden Konkurrenz der Megastores haben doch einige besonders gut sortierte Fachgeschäfte überlebt – und das ist auch gut so!

Denn es gibt Hunderte von Gegenständen, die zu speziell sind, um bei Heimwerkermärkten im Regal zu liegen. Allerdings sind es eben genau jene Dinge, die wir bisweilen unbedingt brauchen: alle Arten von ausgetüftelten Spezialwerkzeugen, exotische Schrauben und Dübel, hochwertige Beschläge oder Haken und Ösen aus aller Welt. Besonders frappierend ist auch, wie viele zusätzliche Typen von Glühbirnen im Sortiment angeboten werden, die man sonst nirgends findet. Versuchen Sie einmal, verschiedene Aufhängungssysteme für großflächige bis wandfüllende Kunstgemälde und Fotografien und die dafür passenden Beleuchtungskörper in einem Baumarkt aufzuspüren – Fehlanzeige!

Auch im Haushaltswarenbereich findet man bei Suckfüll viel Spezielles und Seltenes: handbetriebene Schneebesen und weitere ungewöhnliche Küchenwerkzeuge für Kochenthusiasten. Schrubber und Bürsten, die auch für einen Profibetrieb geeignet wären. Und natürlich eine Riesenauswahl hochwertiger Wasserarmaturen, die nicht nur schön sind, sondern auch fast unbegrenzt haltbar. So ließe sich endlos fortfahren, denn: »Der Suckfüll, der hat ois, was ma' braucht.«

Nun soll jedoch nicht der Eindruck entstehen, dass es hier nur ausgefallene Dinge gäbe. Natürlich hat Suckfüll komplett alles, was wir im Alltag brauchen. Hinzu kommt, dass dieser Laden in der Nachbarschaft liegt und damit eine lokale Quelle ist.

Eine Liebesgeschichte für Tüftler.

Adresse Türkenstraße 31, 80799 München (Maxvorstadt), Tel. 089/2866100, www.suckfuell.de, E-Mail: info@suckfuell.de | **ÖPNV** U 3, 6, Haltestelle Universität, Bus 154, Haltestelle Schellingstraße, Tram 27, 28, Haltestelle Pinakotheken | **Öffnungszeiten** Mo – Fr 9 –18 Uhr, Sa 9.30 –14 Uhr

95 __ Susa – Suppe, Saft, Gewürze

Suppenglück – Anleitung zum Glücklichsein

Susa – Suppe und Saft – diese Alliteration sollte man sich auf der Zunge zergehen lassen, bevor man den versteckten Laden auf dem Elisabethplatz, dem Viktualienmarkt Schwabings, betritt. Auf der Wochenspeisekarte steht: »Alleskönner«, »Energiespender«, »Nestwärmer«. Am liebsten hätte man ALLES. Beim genauen Hinsehen fällt dann die Auswahl leichter: Tafelspitz mit Wurzelgemüse, Kartoffelcrème mit Speckgröstel und Kräutern, Thaikokossuppe mit Gemüsen. Die Suppenkrönung: Diverse Toppings aus Nüssen, Kräutern, Speck. Dazu belegte Brote und frisch gepresste Säfte. Alles schmeckt einfach sensationell.

Eine Alleskönnerin ist die Besitzerin Sonja Riker. Ihren Beruf als Journalistin hängte sie 2006 an den Nagel und tauschte ihn gegen das Suppenglück ein. Mit Hilfe von Familie und Freunden renovierte sie einen alten Marktstand und setzte ihre neue Berufsidee um: »Wie jeder Handwerker habe ich Lehrgeld bezahlt, Fehler gemacht, bin hingefallen und wieder aufgestanden. Ich weiß sehr genau, wie sich ein Arbeitstag von 16 Stunden ohne Pause anfühlt. Ich bin unendlich dankbar, dass ich meine Eltern, ihre Fähigkeiten und Erfahrungen noch einmal ganz neu kennenlernen konnte und wir die Chance zu einem ganz eigenen Generationenhaus erhalten haben.«

Die Suppenqueen und ihr Team kochen mehr als vier Suppengerichte täglich frisch, auch zum Mitnehmen. Zusätzlich betreibt sie anspruchsvolles Catering »mit oder ohne Suppe, feinem Fingerfood, einem gesetzten Essen und süßen Verführungen«. In den Topf kommen nur frische saisonale Zutaten aus der Region. Aus ihrer Kochkunst macht Sonja Riker kein Geheimnis: Ihre eigenen Gewürzmischungen, hausgemachte Essigessenzen sowie ihre Kochbücher kann man vor Ort kaufen. Für Nachtisch hat sie ebenfalls gesorgt. Der kleine Laden heißt »SuSa Süße Sachen« und steht um die Ecke. Aber das ist eine andere Geschichte.

Adresse Elisabethmarkt, Stand 24, 80796 München (Schwabing-West), Tel. 0170/3419674, www.susaonline.de, E-Mail: info@susaonline.de | **ÖPNV** U 2, Haltestelle Josephsplatz, Tram 27, 28, Haltestelle Elisabethplatz, Tram 12, Bus 53, 144, Haltestelle Kurfürstenplatz | **Öffnungszeiten** Mo – Fr 8.30 – 18.30 Uhr, Sa 8.30 – 14.30 Uhr

96 Tintorella

Die mit den Farben spielt

»O sole mio!« Beim Betreten des kleinsten Wintergartens in Schwabing packt einen die Sehnsucht nach sattgrünen Pinienalleen, prallen Zitronenbäumen, florentinisch-blauem Sternenhimmel und »la dolce vita«. Kurz: der Wunsch nach alledem, was die Italiener haben und wir gerne hätten.

Mit Tintorella erschuf Ingrid Heereman von Zuydtwyck eine Insel für Landhausliebhaber. Auf kleinstem Raum präsentiert sie eine sehr feine Auswahl an mediterranen Wohnaccessoires, die schon beim Anblick das Lebensgefühl heben. Die ornamentalen Leinenstoffe sowie Geschirr von Busatti, einem toskanischen Familienbetrieb, die verzierten, winterfesten Terracotta-Blumentöpfe aus Impruneta, Stühle mit Binsengeflecht aus der Nähe von Siena – alles wirkt verspielt, aber nie überladen. Bewusst sucht sie nach Dingen, die man nicht auf jedem italienischen Markt findet. Das, was man bei ihr im Laden bewundern kann, ist nur ein Bruchteil dessen, was sie zu beschaffen und anzufertigen vermag.

Die Wohnberaterin mit Zweitheimat Italien, die »den unkomplizierten Sinn für Tradition« liebt, hat sich auf italienische Hersteller spezialisiert. Mit kleinen Ausnahmen. Für Liebhaber von Wanddeko und englischen Herrenhäusern kann sie unzählige Tapeten auffächern. Absolute Hingucker sind optisch täuschende Dekorationen von Andrew Martin. Ein haptisches Erlebnis sind handbestickte Kissen von Anke Drechsel mit Applikationen aus Kurbelstickerei auf Seide. Selbst eine simple Gardinenstange ist bei Tintorella ein Schmuckstück – dank einem Italiener aus London, der handbemalte Blumenköpfe kreiert.

Ihr Herz schlägt für kleine Familienunternehmen und sie achtet darauf, »dass damit Familien ernährt werden«. Und was bedeutet nun Tintorella? Auf Italienisch »kleine Färberin«, was damals ihre Urgroßmutter war. Das passt wiederum zu der Hobbymalerin und Fotografin, bei der wohl das Gespür für Farben in den Genen liegt. »La vita e bella!«

Adresse Wilhelmstraße 19, 80801 München (Schwabing), Tel. 089/38879398, www.tintorella.com, E-Mail: info@tintorella.com | **ÖPNV** U3, 6, Tram 23, Bus 54, 142, Haltestelle Münchner Freiheit, Bus 53, 144, Haltestelle Bismarckstraße | **Öffnungszeiten** Di, Do, Fr 10–14 & 15–19 Uhr, Mo, Sa nach Vereinbarung

97_Tracht und Heimat

Auf den Leib geschneidert

Unwiderstehlich bayerisch. Von außen betrachtet liegt Tracht und Heimat im Orag-Haus am Oberanger. Kulissenwechsel. Beim Betreten des Hauses mit rustikalem Innenleben taucht man in eine Welt der Tradition ein. Schöne Frauen im Dirndl grüßen freundlich. In offenen Holzregalen hängt Bekleidung, die sofort Heimatgefühle weckt. In den alten Bauernschränken liegt alles, was man zu einem Dirndl trägt: Seidentücher, Schuhe, Schmuck und Stoffe in jeglichen Farb- und Mustervariationen, die aus deutschen und österreichischen Webereien bezogen werden. Hier gibt es sie tatsächlich noch: schöne, schlichte, traditionelle Dirndl, feine Mieder, Janker und Gehröcke mit Geschmack, die ihre Herkunft verraten und 100-prozentig passen. Denn es wird noch »auf den Leib maßgeschneidert«.

Ein Blick zur Treppe. Mit strahlenden Augen kommt die Hausherrin Ursula Fröhmer, die ihr Dirndl als Arbeitsgwand trägt. Geboren und aufgewachsen ist sie in den Räumen, die heute Werkstatt und Geschäft sind. 1979 erfüllte sie sich ihren Traum, einen Ort für bayerische Lebensart, Brauchtum, Kultur und eben auch Kleidung zu erschaffen und diese der Nachwelt zu erhalten. Zunächst musste sie alles selber nähen, da Spezialwissen und besonderes Geschick erforderlich waren. Schritt für Schritt erweckte sie originale Trachten zum Leben. So wurde beispielsweise das Münchner Miedergwand wiederentdeckt: »Auf Basis alter Darstellungen der Münchner Kellnerinnen wurde eine traditionelle, aber zeitgenössische Form dieses Mieders entwickelt.« Vorsichtige Veränderungen in der Tracht sind auch deren Bestandteil, »aber nur dann, wenn sie noch die Seele eines Volkes zum Ausdruck bringen«.

Bis heute gilt bei Tracht und Heimat: »Kein Entwurf entsteht und kein Stich wird genäht, ohne vorher zu wissen, warum dieses Modell ursprünglich getragen wurde und wie sich eigentlich die Tracht zusammensetzt.« Unwiderstehlich konsequent.

Adresse Oberanger 9, 80331 München (Altstadt), Tel. 089/2604321, www.trachtundheimat.de, E-Mail: info@trachtundheimat.de | **ÖPNV** Bus 62, Haltestelle St.-Jakobs-Platz, S 1, 2, 3, 4, 6, 7, 8, 27, U 3, 6, Bus 52, Haltestelle Marienplatz, U 1, 2, 3, 6, 7, Tram 16, 17, 18, 27, 28, Bus 152, Haltestelle Sendlinger Tor | **Öffnungszeiten** Mo – Fr 9.30 – 18 Uhr, Sa 9.30 – 14 Uhr, jeden 1. Sa. 9.30 – 16 Uhr

98__Tragbar

Schmuck, der hängen bleibt

Es ist schon ein Weilchen her, genau gesagt zehn Jahre, als Anne Gericke und Sarah Lierl, zwei junge Goldschmiedinnen, in den ältesten Lebensmittelladen der Stadt einzogen. Sie restaurierten die seit Nachkriegszeiten unrenovierten Räume, kratzen und putzen, fanden zwischen Staub und Steinen noch alte Lebensmittelmarken – bis sie schließlich den seltenen Terrazzo-Boden zum Vorschein brachten. Es kamen noch Auslagen mit eigenem Schmuck und eine Espressobar hinzu. Die Tragbar war geboren.

Aus zwei wurden vier: Barbara Decker und zuletzt Pura Ferreiro. Unterschiedlicher geht es dabei nicht. Jede hat einen eigenen Stil, und so decken sie ein breites Spektrum ab. Die Preziosen, die sie erschaffen, versuchen sie verantwortungsbewusst herzustellen und verarbeiten verstärkt Fairtrade-Gold, -Steine und -Silber. Wichtig ist ihnen zu wissen, woher ihre Diamanten kommen und wo sie verarbeitet wurden.

Sarah Lierl gestaltet wunderbaren Glaskugelschmuck, klar im Design, aber wirkungsvoll bunt. Anne Gericke erfindet Miniaturwelten aus kleinsten Spielzeugeisenbahnfiguren. Sie inszeniert Alltagssituationen und erzählt Geschichten in ihren Ohrringen, Ringen oder Manschettenknöpfen. Pura Ferreiro »zitiert« mit der uralten und aufwendigen Technik der Granulation die Etrusker – und transferiert sie in zeitgemäße Schmuckobjekte. In einem Ofen werden Goldschnipsel mit Holzkohle bei großer Hitze zu kleinsten Kügelchen geschmolzen. Mit Pinsel und Spucke legt sie damit Muster auf den Schmuck und verschweißt diese. Barbara Decker mag es gerne groß und kreiert mit strukturierten Oberflächen und leuchtenden Farbsteinen eine dekorative Kollektion. Ihr neuester Streich: filigrane Kugeln aus Edelmetall, die an gotische Fenster erinnern.

Würde man heute den Laden erneut renovieren, fände man anstatt Lebensmittelmarken Brillanten oder Goldstückchen. Aber bis dahin wird noch viel Zeit vergehen.

Adresse Zenettistraße 33, 80337 München (Ludwigs-/Isarvorstadt), Tel. 089/ 76703974, www.tragbar.info, E-Mail: hallo@tragbar.info | **ÖPNV** U3, 6, Bus 62, Haltestelle Poccistraße | **Öffnungszeiten** Di–Fr 11–18 Uhr, Sa 11–15 Uhr

99__Trödel-Lädchen

Trödel mit Charakter

Wer in der ganzen Stadt vergeblich nach etwas sucht, der wird in dem Trödel-Lädchen fündig. Es ist schwer, umfassend zu beschreiben, welche Schätze es hier auf kleinstem Raum gibt: antike Möbel und Puppenstuben, alte Steifftiere, englische Pfeifenständer, Wiener Bronze, Lampen, Biedermeiertassen, alte Standuhren, allerlei Sammlerstücke … und Werner Kühn, den Herrn des Hauses. Seinen grandiosen Fundus fasst er bescheiden unter »Möbel und Haushaltszubehör« zusammen. Bei Großauflösungen und Flohmärkten geht er auf Jagd oder kauft direkt von Kunden an. Die Preise sind fair. Die Menschen vertrauen ihm und kommen gerne. Wie in alten Zeiten zählt bei ihm noch »der feste Handschlag«.

Werner Kühn ist mehr als ein Ladenbesitzer. Für viele Menschen in Laim ist er eine wahre Institution und sein Laden ein Begegnungsort. An Lebenserfahrung und Mut mangelt es ihm nicht. Geboren wurde er in Thüringen. Dann zog es ihn nach Berlin, Hamburg, Paris. Als Bühnentechniker ging er endgültig auf »Weltreise«. Die Rolling Stones und Lou Reed kennt er persönlich, die Musicals »Cats« und »42nd Street« auswendig. Bis er eines Tages keine Lust mehr auf das Leben aus dem Koffer hatte und sich etwas Neues suchte.

Hauptsache, es machte ihm Freude: »Was ich mir zutraue, das mache ich auch.« Er arbeitete für die Luftfahrt, als Altenpfleger, Bauunternehmer. Schmunzelnd sagt er: »Es ist einfacher aufzuzählen, was ich nicht gemacht habe, als was ich gemacht habe.« Seine Hände verraten, dass sie viel erlebt haben und zupacken können. Sein breites Lächeln strahlt Optimismus aus.

Für manche ist er der Robin Hood von Laim. Wenn er merkt, dass jemand nicht so betucht ist, dann geht er mit dem Preis herunter und umgekehrt. »Manchmal kaufe ich auf dem Flohmarkt einen ganzen Stand auf. Dann schauen die Leute verdutzt und sind überglücklich.« Ein Laden und ein Mann, wie man sie heutzutage nur noch selten findet.

Adresse Camerloherstraße 71, 80689 München (Laim), Tel. 0171/4912144, www.trödel-lädchen.de, E-Mail: wernermuclaim@web.de | **ÖPNV** U5, Bus 51, 57, 151, 168, Haltestelle Laimer Platz | **Öffnungszeiten** Mo & Mi 17.30–19.30 Uhr, Fr–Sa 16–19 Uhr

100 Tushita Teehaus

Wo der Schwarze Drache haust

Einen Schritt nur. Wer den Mut besitzt, seinen Fuß über die Schwelle zu setzen, betritt ein wahres Königreich. Dies ist die Heimstatt des »Schwarzen Drachens«, wie der Oolong, König der Tees, übersetzt auch heißt. Im Tushita – mit kleinem angeschlossenen veganen Restaurant und Teegeschirr aus der ganzen Welt – erwarten den Teeliebhaber über 150 Teesorten, die in ihrem Ursprungsland biologisch angebaut und auch Fair Trade gehandelt werden. Der Teeist hat die Wahl zwischen zahlreichen Weiss- und Grüntees aus China, Oolongs aus Taiwan, Pu-erh-Tees aus dem Yunnan, japanischen Grüntees von Houjicha bis Gyokuro, Rooibos und Botanical Blends, Schwarztees aus Darjeeling, Assam und Ceylon sowie eigenen Kräuterteemischungen und TCM-Tees.

Die Herrscher über das sanfte Teereich: Sandeh von Tucher, die chinesische Diätetik gelernt hat, und ihr Lebensgefährte Om Hellenkamp. Die Einrichtung ist schlicht und modern und trotzdem warm und einladend. »Northern Zen«, wie einmal ein Kunde das Tushita treffend beschrieben hat. Für die fröhliche und Ruhe ausstrahlende Sandeh bedeutet das buddhistische Tushita »der Ort, wo sich die Götter ausruhen«, und sie erklärt begeistert, dass man von jeder Teesorte etwas erwarten dürfe: »Was soll der Tee mit mir machen, was wünsche ich mir von ihm?« Der Tee entfalte eine Vielfalt von Wirkungen, so etwa könne er wachmachen, inspirieren, klären, beruhigen … Wir lernen: Tee ist nach Wasser und seit seiner Entdeckung in China vor rund 5.000 Jahren das am zweithäufigsten getrunkene Getränk dieser Erde.

Im Tushita lassen sich in chinesischen und japanischen Teezeremonien die richtige Zubereitung von Oolongs und Matcha erlernen. Elementar ist für die hohe Schule der Teezubereitung das richtige, gefilterte Wasser und dessen Temperatur zwischen 50 und 95 Grad. Mit einer Einkaufstasche – Teegläser aus dem Maghreb und einem weißen Bai-Mun-Dan-Tee – verlassen wir das kleine Teehaus mit dem Gefühl: Hier ist der Glücksdrache zu Hause.

Adresse Klenzestraße 53, 80469 München (Ludwigs-/Isarvorstadt), Tel. 089/18975594, www.tushita.eu, E-Mail: info@tushita.eu | ÖPNV U 1, 2, 7, Bus 132, Haltestelle Fraunhoferstraße, Tram 16, 17, 18, Haltestelle Müllerstraße | Öffnungszeiten Mo – Fr 9–20 Uhr, Sa 10 – 20 Uhr

101_Two in One

Das Blumencafé

Das Leben steckt voller Überraschungen!

Szenario 1: Sie sind zu einem Sonntagsklatsch eingeladen und brauchen noch ein Geschenk. Sie stolpern in einen Blumenladen hinein und sehen lauter Geschenkideen: buntes Geschirr, ausgefallene Blumen, lustige Kochbücher. Und den Teller, von dem Sie essen, können Sie auch kaufen. Der Sonntag ist gerettet.

Szenario 2: Sie wollen schnell einen Espresso trinken, haben es eilig, denn gleich sind Sie eingeladen und müssten eigentlich noch Blumen kaufen. Sie stolpern in ein Café und siehe da: Sie trinken Ihren Kaffee im Blumenparadies. Wie praktisch.

Szenario 3: Sie sitzen in einem Café und genießen den Kuchen und die schönen Blumen. Eigentlich wollten Sie in einem Möbelhaus nach Balkontischchen und Stühlen schauen, haben aber keine Lust. Sie sitzen auf einem Stuhl, der genau der richtige wäre und fragen, wo man den kriegen kann. Und schon rennen Sie mit einem Balkongrill und zwei Klappstühlen inklusive Sitzkissen unter dem Arm aus dem Laden. Den Tisch holen Sie später ab. Leicht gemacht.

Mitten in der Stadt ein kleiner Garten mit Kaffee und Kuchen? Aber klar doch. Two in One ist eigentlich drei in eins: Café, Blumenladen und Accessoires. Auf die Idee kam Claudia Nothhaas, begabte Floristin mit grünem Daumen und einem Näschen für Dinge, die unser Leben innen und außen verschönern. Sie achtet auf ein ausgefallenes Blumensortiment an Schnittblumen und Topfpflanzen. Die Blumen harmonieren mit den Vasen, die Vasen mit der Blumenkonsole, die Blumenkonsole mit den Möbeln und die Möbel mit den Accessoires. Und die Accessoires harmonieren mit den Jahreszeiten. Von Gummistiefeln bis zu Adventskränzen: Alles ist hier pfiffig und verspielt. Dahinter steckt viel Leidenschaft und die Liebe zum Detail. Sechsmal im Jahr streicht Claudia Nothhaas die Blumenkonsole um und gestaltet ihr Blumen-Café neu. Für die nächste Überraschung ist gesorgt.

Adresse Klenzestraße 39, 80469 München (Ludwigs-/Isarvorstadt), Tel. 089/20244595, www.twoinone-muenchen.de, E-Mail: info@twoinone-flowers.de | ÖPNV U 1, 2, 7, Tram 16, 17, Bus 132, Haltestelle Fraunhoferstraße, Tram 16, 18, Haltestelle Reichenbachplatz, Bus 52, 62, Haltestelle Gärtnerplatz | Öffnungszeiten Di – Fr 11–19 Uhr, Sa 10 –18 Uhr

102_Umwerk

Für verspielte Köpfe

Mal was anderes! Umtriebig, abgefahren und ein bisschen ausgeflippt ist die Ware in dem Mini-Laden nahe der Isar. Bescheiden und kreativ geben sich auch die Ladenbesitzer. Tanja Kischel, Adam Bell und Georg Behringer – alle Grafiker – bieten eine Auswahl an Produkten an, die beim ersten Anblick manchmal Rätsel aufgeben. Es ist aus knallfarbenem Silikon und hat die Form einer Kassette: ein Etui für Visitenkarten oder USB-Sticks. Es erinnert an eine Orangensafttüte aus Tetra-Pak, hat aber ein Gummi drum: eine Geldbörse. Beide praktisch, unzerstörbar und wasserabweisend. Hinter fast jedem Artikel steckt eine Portion Aha-Erlebnis oder eine Prise Humor. Es macht einfach Spaß, das Sortiment anzusehen und zu raten, aus welchem früheren Leben das Produkt stammt.

Aus Alt mach Neu. Das Team hat ein Faible für Recyclingprodukte und gestaltet auch selbst: Mappen aus alten Plattencovern, Briefumschläge aus Veranstaltungsplakaten Münchner Clubs – sowie eigene Postkarten. Oder es bedruckt T-Shirts mit trendigen Sprüchen und Ornamenten. Abwechslungsreich, ungewöhnlich und funktional. Wenn sie nicht selbst am Werk sind, suchen sie nach Dingen, die man in der Stadt nicht so leicht findet. Daraus entsteht ein buntes Potpourri aus Papeterie, Schnickschnack, Kleidung, Schuhen … Ein No-Go sind Massenartikel und Ware, die nicht politisch korrekt hergestellt wurde.

Es ist irre, wie man den banalsten Gegenständen eine neue Identität verleihen kann. Für die Jungs: Ein Tischkickermännchen getarnt als Flaschenöffner; der darf bei der nächsten WM nicht fehlen. Für den Denker: der »Schlüsselroman«. Ein Hardcoverbuch, das durch Haken in ein Schlüsselbrett verwandelt wurde – von der Firma Lockengelöt aus Hamburg. Und für die Mädchen: Ohrstecker aus Geburtstagstortenkerzenhaltern mit einem schmucken Steinchen. Ganz schön ausgebufft, genial und erfinderisch. Ein Laden mit Humor und Köpfchen.

Adresse Dreimühlenstraße 26, 80469 München (Ludwigs-/Isarvorstadt), Tel. 089/17926565, www.umwerk.de, E-Mail: info@umwerk.de | ÖPNV Bus 62, Haltestelle Ehrengutstraße, Bus 58, Haltestelle Kapuzinerstraße | Öffnungszeiten Di – Fr 12.30 – 18 Uhr

103_ Velocompany

Der Drahtesel als Packpferd

Alles easy, alles bequem: Wer kürzlich einmal in Amsterdam gewesen ist, erinnert sich sicher an ein ungewöhnlich konstruiertes Transport-Fahrrad: das Bakfiets. Es handelt sich um ein lang gestrecktes Vehikel, auf dem vor dem Lenker eine geräumige Holzwanne montiert ist, in der zwei Kinder komfortabel Platz haben. Das Gute daran: Im Gegensatz zu unseren Fahrrad-Anhängern hat man die Kinder stets vor sich im Blick.

Die klugen Konstruktionen erinnern an die Fahrrad-Rikschas in Südostasien. Kein Wunder also, dass sich die Velocompany vor einigen Jahren auf den Vertrieb der cleveren »Straßenkreuzer« spezialisiert hat. Der Erfolg gibt Florian Borde, Gründer und Betreiber dieses Ausnahmeladens, recht. Gerade dieser Tage mussten er und seine Velocompany wegen Platzmangels umziehen. Der jetzige Laden ist gut doppelt so groß und bietet eine gigantische Auswahl an verschiedensten »Vorderladern«.

Die Räder der Hausmarke Velocompany Edition – »Wozu Retro, wenn das Original seit Jahrzehnten gebaut wird? Wir haben dem Hollandrad moderne Technik spendiert« – werden in Holland in Handarbeit hergestellt und in jeder RAL-Farbe von Erdbeerrot bis Ozeanblau geliefert. Daneben zuckt es den überzeugten Veloholic bei Herstellernamen wie Larry vs Harry, Winther, Johnny Loco, Brompton und Triobike in den Beinen. Florian Borde ist überzeugt, dass seine Kinder-Transporträder eindeutig die sicherste Methode darstellen, die Kleinen zu kutschieren. Neben den robusten Kinder-Eseln gibt es windschnittige, fast futuristisch anmutende Lastenflitzer, ausgestattet mit modernsten Gangschaltungs- und Bremssystemen. Diese Modelle eignen sich nicht nur für den Kindertransport, sondern auch für große Einkäufe oder kleine Umzüge.

Richtig komfortabel wird das Ganze mit entsprechendem Elektroantrieb. Somit durchaus eine Alternative zum Pkw – nur ohne Parkplatzsuche. Wer braucht da noch ein Auto, das ohnehin nur nervt?

Adresse Schleißheimer Straße 106, 80797 München (Schwabing-West), Tel. 089/28803580, www.velocompany.de, E-Mail: info@velocompany.de | **ÖPNV** U 2, Haltestelle Josephsplatz, Tram 12, 27, Bus 53, 144, 154, Haltestelle Nordbad | **Öffnungszeiten** Di–Fr 9.30–18.30 Uhr, Sa 10–14 Uhr

104__Versus Gallery

Luxus Light

Stellen Sie sich vor, der ehemalige Lüster aus dem Münchner Hilton Hotel würde bei Ihnen zu Hause hängen. Ein Kaskadenfall aus gefärbtem Murano-Glas, der nach unten fließt und dem Teint schmeichelndes Licht spendet.

Ein edles Werk der vornehmen italienischen Manufaktur Venini aus den 1970er Jahren, die sich weltweit durch extravagante und feinst verarbeitete Glaskunst ihren Namen machte. Nun hängt der Lüster nicht mehr im Hotel, sondern in der Kurfürstenstraße in Schwabing und bald vielleicht auch in Ihrem Wohnzimmer oder Treppenhaus …

Beim Betreten der Versus Gallery empfängt Sie ein internationales Flair – es könnte Paris, London oder Rom sein. Alles, was hier steht oder hängt, besitzt einen gewissen Sammlerwert. Florian Specht ist ein junger Sammler, der regelmäßig Frankreich, Italien, Belgien und die USA bereist und nach seltenen Objekten sucht, die schon seinerzeit Kultcharakter hatten und exklusiv waren. »Es sollte etwas sein, was nicht typisch für die Zeit ist, aber den Charakter eines Klassikers besitzt, indem es überall einsetzbar ist.« Angefangen hat er mit Lampen, mittlerweile sind auch Möbel und Accessoires namhafter Designer der 1940er bis 1970er Jahren hinzugekommen. Mit seiner 2009 gegründeten Versus Gallery schwimmt er insofern gegen den Strom, als er Designerstücke anbietet, die schon seinerzeit als hochwertig und rar galten: Mailänder Möbel, Wiener Hagenauer Lampen, Fontana Arte Lampen aus Murano-Glas, Eames Stühle von Vitra oder ausgefallene Kaminböcke aus Frankreich. Alles Originale.

Specht berät seine Kunden und beweist, wie spannend Messing, Eisen und Glas miteinander kombiniert werden und eine wohnliche Atmosphäre schaffen können. Das Schöne ist, dass in unserem eklektizistischen Zeitalter alles erlaubt ist und die Phantasie keine Grenzen mehr kennen muss. Vorausgesetzt, die Fundstücke werden ins richtige Licht gesetzt. Luxus pur.

Adresse Kurfürstenstraße 7, 80799 München (Maxvorstadt), Tel. 089/54899603, www.versusgallery.de, E-Mail: fspecht@versusgallery.de | **ÖPNV** U 3, 6, Bus 154, Haltestelle Universität, Tram 27, 28, Haltestelle Nordendstraße | **Öffnungszeiten** Di–Fr 14–18 Uhr, Sa 11–15 Uhr, Mo nach telefonischer Vereinbarung

105 _ Wager & Ahrend Alter Schmuck

Das putzt ungemein

Die Welt in der Nussschale: Hier darf man sich zu einem lustvollen und vielleicht auch ein wenig ehrfürchtigen Rundgang durch einen ganz besonderen Mikrokosmos eingeladen fühlen. Die meisten der hier angebotenen kostbaren Schmuckstücke wurden damals überwiegend von Adligen oder wohlhabenden Bürgern getragen.

Die beiden Schwestern Helga Ahrend und Anna-Maria Wager sowie deren Tochter Almut Wager betreiben diesen wunderbaren Laden gemeinsam, jede mit eigenen Vorlieben:

Anna-Maria Wager hat sich auf Porträtminiaturen spezialisiert. Es gibt aus ihrer Feder sogar ein Standardwerk zu diesen künstlerischen Kleinodien. Sie schmücken eine Reihe eigener Vitrinen. Vor der Erfindung der Fotografie war dies die einzige Möglichkeit, die getreue Nachbildung eines nahestehenden Menschen zu besitzen.

Helga Ahrends Leidenschaft gilt altem Schmuck vom 18. Jahrhundert bis in die Zeit der Art déco. Kunst en miniature sind auch die Elfenbeinschnitzereien, deren Details oftmals einen Durchmesser von nur wenigen Hundertstelmillimetern aufweisen.

Eine der Spezialitäten Almut Wagers wiederum ist, neben historischem Schmuck, eine beeindruckende Sammlung von sogenanntem Berliner Eisen. Während der Besetzung Preußens durch Napoleon appellierte 1813 eine preußische Prinzessin an den Nationalstolz der Deutschen, ihren Goldschmuck für die Kriegskasse zu spenden und Schmuck aus Eisen zu tragen. Die im speziellen Gussverfahren entstandenen filigranen Kreationen bestechen durch ihre Leichtigkeit und erinnern an zarte Spitze. Im zweiten Viertel des 19. Jahrhunderts wurde »Fer de Berlin« in Frankreich und England zur Mode.

Neben der zuvorkommenden Bedienung erwarten den Kunden eine detaillierte und nahezu wissenschaftliche Beschreibung der Schmuckstücke. Eine Welt für sich und für Sammler ein Dorado.

Adresse Prannerstraße 4, 80333 München (Altstadt), Tel. 089/296021, www.antiquitaeten-ahrend.com, E-Mail: info@antiquitaeten-ahrend.com, anna-maria-wager@online.de, almut.wager@gmx.de | **ÖPNV** S 1, 2, 3, 4, 6, 7, 8, U 3, 6, Bus 52, Haltestelle Marienplatz, Tram 27, 28, Haltestelle Ottostraße | **Öffnungszeiten** Di – Fr 11–18.30 Uhr, Sa 11–14 Uhr

106 Weinhandlung Fernando von Schirnding

Genussadel am Königsplatz

Geschäft, Lage, Einrichtung, Inhaber: ein Erlebnis. Gestatten: Fernando von Schirnding. Korrekt: Don Fernando Antonio von Schirnding de Almeida e Silva und von altem Adel. »Meine Kunden sagen Fernando zu mir.« Wer diesen Namen trägt, hat keine Wahl – er wird Bohemien. Ein Mann mit vielen Leidenschaften. Wein, Oldtimer und Kunst sind nur drei davon. In illustrer Nähe zu Glyptothek und Lenbachhaus residiert Fernando im Garten der 200 Jahre alten Paul-Heyse-Villa. Wer jetzt Prunk erwartet, irrt. Weinkisten, ein rustikaler Holztisch in der Mitte und im Eck ein Oldtimer von 1922. Insgesamt fünf hat er. Nicht nur Garagenmangel ist der Grund für den exzentrischen »Parkplatz«: »Ich liebe meine alten Autos so sehr, da möchte ich wenigstens eines immer um mich haben.«

Aufgewachsen in Lissabon, nahm Fernando Lebensart und südlich geschärfte Sinne mit nach Deutschland. Seit 30 Jahren sucht er in der Weinwelt Geschmack fern vom Mainstream. Seine Winzer kennt er persönlich. »Es sind Weine der kleinen Winzer, die mich reizen. Beim Wein verhält es sich wie mit unseren Mitmenschen. Auch die Chemie zwischen Mensch und Wein muss stimmen.« Etwa 60 Prozent der Weine stammen aus Frankreich.

Regelmäßig verwandelt sich seine »Garage« zum »Esszimmer« für private und geschäftliche Feiern. Zusammen mit seiner Lebensgefährtin Susanne kocht er mediterrane Menüs. Die Zutaten stammen frisch vom Markt oder aus Gärten von Freunden. Wird nicht gekocht, holt Fernando Kunst auf seine kleine Bühne: Kabarett, Flamenco, Schauspieler des Gärtnerplatztheaters. Oder sein berühmter Onkel, der Lyriker Albert von Schirnding, gibt sich mit einer Lesung die Ehre. Ein Duft von Zitronenrisotto und Steinbeißer »en papillote« erfüllt den Raum. Bald wird auch dem Wermut-Thymian-Perlhuhn seine letzte Ehre erwiesen. Genuss am Königsplatz. Fernando adelt alle.

Adresse Luisenstraße 22, 80333 München (Maxvorstadt), Tel. 089/54573905, www.weinhandlung-vonschirnding.de, E-Mail: vonschirnding@weinhandlung-vonschirnding.de | ÖPNV U2, Bus 100, Haltestelle Königsplatz | Öffnungszeiten Di–Fr 14–19 Uhr, Sa 11–18 Uhr und nach Vereinbarung

107__Wir machen Cupcakes

Zu schön zum Reinbeißen

Süße Sünden! Hinter dem Viktualienmarkt befindet sich ein wahrer Ort der Verführung. Wer hier weiterlesen möchte, sollte nicht gerade eine Diät machen oder dem Schlankheitswahn huldigen. Denn wenn man diesen winzigen Laden besucht, kann es passieren, dass man die Beherrschung verliert. Aber es lohnt sich.

»Wir machen Cupcakes« ist Münchens erstes Cupcake-Café mit einer Wohnzimmeratmosphäre wie zu Omas Zeiten. Und Cupcakes, das sind wiederum zauberhafte, Muffin-ähnliche Törtchen, die sich mit den delikatesten Häubchen schmücken. Diese Glasur, genannt auch Icing oder Frosting, ist eine dick aufgetragene süße Creme und wohl das Geheimnis eines guten Cupcakes.

Die Kreativität kennt hier keine Grenzen, und die Zuckerbäcker reizen diese Freiheit bis ins letzte Detail aus. Ihre Toppings sind wahre Kunstwerke. Dekadent und verführerisch klingen ihre Namen: Chocolate Decadence – der Name ist Programm. Vanilla Wolke – trägt wohl das schrägste »Outfit«, ähnlich einer Discokugel. Oder einfach Rasperry Explosion mit fruchtigem Frosting aus Himbeeren und weißer Schokolade. Bei jedem Stück zergehen die butterige Creme und der fluffige Teig auf der Zunge. Dabei sind sie nicht zu süß und schmecken wirklich unwiderstehlich.

Die passionierten Cupcakes-Macher Iris Wagner und Sheloian Tanedo importierten die cremig-süße Idee 2010 aus Sydney nach München. »In Australien und den USA gibt es seit Langem schon eine echte Cupcake-Kultur. Diese kleinen Köstlichkeiten sind dort in aller Munde und fester Bestandteil jeder Party, jeder Hochzeit, jedes Kindergeburtstages…« Neben dem klassischen Sortiment gibt es immer wieder Neuigkeiten wie Macarons, Cakes-Pops oder Meringues. Auf Anfrage erfüllen die Cake-Macher jeden Wunsch und kreieren zu jedem Anlass die verrücktesten Ideen. Eines steht fest: Diese Cupcakes sind nicht nur schön, sondern machen auch glücklich. Zum Niederknien!

Adresse Utzschneiderstraße 12, 80469 München (Ludwigs-/Isarvorstadt), Tel. 0176/66855258, www.wirmachencupcakes.de, E-Mail: servus@wirmachencupcakes.de | **ÖPNV** S 1, 2, 3, 4, 6, 7, 8, 27, Tram 16, 18, Bus 132, Haltestelle Isartor, U 1, 2, Haltestelle Fraunhoferstraße | **Öffnungszeiten** Di – So 11 – 18 Uhr

108 _ World of Eve

Schöpferisches aus dem Müll

Kein Witz: Ich war mal eine Milchflasche, sagt die weiße Retro-Lampe im Stil der 1960er Jahre. Ich war mal ein Fahrradschlauch, sagt die extravagante Kette im Lederlook. Ich war mal ein Zementsack, sagt eine robuste und leichte Laptop-Tasche. Und das Gute ist: So schnell landen wir nicht mehr auf dem Müll!

Während alle über die Mülltragödie auf unserem Planeten jammern, kommt Eva Ploder daher und sagt: »Sehen wir die Sache mal positiv!« Die ehemalige TV-Produzentin hat erkannt, welch wunderbares Design aus Abfällen entstehen kann, und ist zur Kuratorin von Upcycling-Kunst geworden. In ihrem kleinen Reich, das an ein Phantasie-Museum erinnert, hortet sie in Regalen die wildesten Sachen, verkauft und verleiht sie an Galerien. Damit unterstützt sie kreative Gestalter und Handwerker aus aller Welt, die diese Ware herstellen. Wie fleischfressende Pflanzen zieren fabelhafte Lampenschirme die Decke. Bunte Stierköpfe hängen, Trophäen gleich, an den Wänden, und erst auf den dritten Blick merkt man, dass es sich hier um Plastikflaschen handelt. Alles handgemacht und alles funktional und nützlich. Wenn die Upcycling-Aktivistin mehr Platz hätte, läge noch ein Teppich aus Kleidungsetiketten auf dem Boden.

Eva Ploder organisiert Ausstellungen und Workshops zum Thema Müll und war schon auf der Munich Creative Business Week vertreten. Sogar die Pinakothek der Moderne kaufte ihr zwei Objekte ab: eine Lampe von Heath Nash und eine Metallplatte von Mark Hilltout. »Die Leute staunten. Vielen ist es ein Rätsel, wie man Müll so verwandeln kann.«

Darin liegt auch Ploders Begabung: Menschen auf der ganzen Welt aufzuspüren, die das entsprechende Know-how haben und Phantasie besitzen. Mittlerweile ist sie weltweit vernetzt, betreut Projekte auf dem ganzen Globus: Sizilien, Afrika, Spanien, Südamerika, Bayern … und leistet ihren Beitrag zum Umweltschutz. Schöne neue Welt – mal ganz positiv gesehen.

Adresse Türkenstraße 54 (Innenhof), 80799 München (Maxvorstadt), Tel. 089/27275630, www.world-of-eve.de, E-Mail: info@world-of-eve.com | **ÖPNV** U 3, 6, Haltestelle Universität, Bus 154, Haltestelle Türkenstraße, Tram 27, Haltestelle Schellingstraße | **Öffnungszeiten** nach Vereinbarung

109_Yubi

Grazie mit viel Geschmack

Wer sagt, dass ökozertifizierte Mode nicht modern und elegant sein könne, täuscht sich gewaltig. Das Atelier von Anna Schweisfurth ist minimalistisch eingerichtet. Ein länglicher Tisch, ein alter Bauernschrank mit Stoffen, eine Kleiderstange, auf der trendige Shirts, Blusen, Hosen, Röcke über einem Stapel klassischer Jeans hängen. Im hinteren Teil befindet sich die Nähwerkstatt. Auffällig ist die riesengroße Umkleidekabine mit einem bequemen Plüschsessel – ideal für die vielen Anproben. Schließlich wird hier auch nach Maß angefertigt.

Zwei Kleidungsstücke stechen sofort ins Auge. Einmal das Hochzeitskleid aus feinstem Seidenchiffon mit Spitze und Perlen im Schaufenster. Dann das rote Kleid aus Seide – ein Hauch von Nichts –, in das man sofort hineinschlüpfen möchte.

Anna Schweisfurth möchte nicht nur durch die Mode-Siegel überzeugen, sondern durch ihren klassischen, langlebigen Stil und höchste Qualität. Sie entwirft und näht alle Modelle von edlen Kleidern bis zu legeren Jeans eigenhändig nach Bio-Maßstäben, behält somit die Kontrolle über alle Arbeitsschritte und verarbeitet nur Stoffe, die mit dem Global Organic Textile Standard zertifiziert sind. Das steht für kontrolliert biologischen Anbau der Rohstoffe, eine ressourcenschonende Verarbeitung und die Einhaltung von humanen Arbeitsverhältnissen.

Nach der Modeschule in München sammelte die junge Designerin auch im Ausland praktische Erfahrungen, nähte in Japan Kimonos und machte ein Praktikum in einer indischen Seidenfabrik. Dort wurde ihr bewusst, dass sie den Weg in die Branche Bio-Mode einschlagen würde. »Die Menschen sind sensibilisiert, und die Zeit ist dafür reif, dass man zur konventionellen Industrieware Abstand nimmt« – und zwar ohne langweiligen Beigeschmack des Bio-Textils von einst. Bei Yubi – Japanisch für Anmut – kommt alles geschmeidig daher, elegant und sexy.

Adresse Schleißheimer Straße 11, 80333 München (Maxvorstadt), Tel. 089/45207144, www.yubi-mode.de, E-Mail: info@yubi-mode.de | **ÖPNV** U1, 7, Haltestelle Stiglmaierplatz, U2, Haltestelle Theresienstraße, Tram 20, 21, 22, Haltestelle Sandstraße | **Öffnungszeiten** Di–Fr 11–19 Uhr, Sa 11–15 Uhr

110_Die Zauberflöte

In Hülle und Fülle

Wer beschwingt von einem Konzertabend zurückkehrt, wem beim Einschlafen noch die Melodien einer eindrucksvollen Opernaufführung im Ohr nachklingen und wer beim Frühstück liebliche Melodien summt oder danach schmachtet, eine bestimmte Interpretation eines bestimmten Dirigenten oder Orchesters anzuhören, für den ist Die Zauberflöte die letzte Rettung.

Das versteckte Geschäft in der Nähe der Bayerischen Staatsoper, Magnet für Liebhaber, beherbergt eine sehr differenzierte Auswahl an klassischer Musik. Die Fülle der CDs – alles Originaltonträger und keine Kopien –, die sich vom Boden bis zur Decke stapeln und tapetenartig die Wände bedecken, ist eindrucksvoll. Fast jedes Stück, jeder Interpret, jede Aufführung und Aufnahme finden hier ihren Platz. Der Einzige, der hier die Auswahl trifft und dabei den Überblick behält, ist Lennart Schneck. Wer sich nur einige Minuten mit ihm über klassische Musik unterhält, den steckt seine Kompetenz und selbstverständliche Hingabe an. Jeden, der sich nur ansatzweise an klassische Musik annähern möchte, nimmt er respektvoll an die Hand. Letztendlich ist er Musikkritiker, Kommentator und fachkundiger Berater in einem. Kaum hat man seine Frage nach einem bestimmten Stück zu Ende gestellt, liegt schon die richtige CD in den Händen.

Die Zauberflöte ist definitiv ein Kleinod, das sich nicht nur durch das vollkommene Sortiment, sondern auch durch eine vertraute und nicht abgehobene Atmosphäre auszeichnet. Das ist Lennart Schneck zu verdanken, der es niemals wagen würde, einen Künstler oder Hörer in eine Schublade zu stecken. Klassische Musik könne jeder hören, der Gefühle habe: »Das Gefühl bringt jeder mit, kann es erschließen und dadurch auch an eigene Gefühle kommen.« Das sei einer der Gründe, warum wir klassische Musik hören. Eines ist vorprogrammiert, wer Die Zauberflöte betreten hat, kommt garantiert beflügelt und glücklich heraus.

Adresse Falkenturmstraße 8, 80331 München (Altstadt), Tel. 089/225125 | **ÖPNV** Tram 19, Haltestelle Nationaltheater, S 1, 2, 3, 4, 6, 7, 8, 27, U 3, 6, Bus 52, Haltestelle Marienplatz | **Öffnungszeiten** Mo–Fr 10–19 Uhr, Sa 10-16 Uhr

111 Zimtschneckenfabrik

Der Koch, der Paparazzo und die Zimtschnecke

Ach, du alter Schwede! Zwei Sekunden in der Zimtschneckenfabrik reichen, und man weiß nur eines: Ich muss sie haben. Ganz betörend wirkt der Duft von Zimt, Kardamom und frisch gebackener Hefe. Es dürften keine weiteren drei Sekunden vergehen – ohne einen Bissen in die sagenhafte Zimtschnecke. Eine davon reicht definitiv nicht. Die empfohlene Tagesdosis wäre dreimal täglich. Sie schmecken so leicht und so fluffig und – sie sind nicht zu süß. An Omas Backstube erinnern sie, kommen aber aus der Zimtschneckenfabrik in Obergiesing.

Die Schweden lieben ihre »Kanelbulle«. Und auch die Münchner sind der »Skandinavischen Breze« auf den Geschmack gekommen, dank Thomas Zwink, einem waschechten Oberammergauer, gelernten Koch und ehemaligen Promi-Paparazzo, der seine offene und lichterfüllte Backstube liebt und dort leidenschaftlich gern experimentiert. Mit seiner Frau betreibt er neben der Zimtschneckenfabrik das »Café Fräulein« in der Frauenstraße 11, wo es neben seinen Zimtschnecken auch andere süße Sünden gibt. Miriam Raab – die Konditorin in der Runde – bäckt täglich frisch und ohne Zusätze. Hier wird Backkunst als echtes Handwerk verstanden.

Anbei das Zimtschneckenfabrik-Original-Rezept für diejenigen, die selbst einmal »Kanelbullar« backen wollen: 450 Gramm Mehl zusammen mit 60 Gramm braunem Zucker, 25 Gramm Hefe und einer Prise Kardamom mit dem Knethaken vermischen. 75 Gramm flüssige warme Butter mit 250 Gramm kalter Milch mischen und dazugeben. 10 Minuten kneten. Teig ausrollen. Mit flüssiger Butter bestreichen und mit Zimtzucker bestreuen. Rollen, schneiden, formen und gehen lassen. Ofen auf Umluft 250 Grad vorheizen. Schnecken circa 7 bis 10 Minuten backen. Lauwarm schmecken sie am besten!

Wem das zu viel Arbeit ist, der soll gleich in die Zimtschneckenfabrik oder ins »Café Fräulein« einkehren. Hier schmecken sie doch unübertrefflich. Das geben sogar die Münchner Schweden zu.

Adresse Chiemgaustraße 81, 81549 München (Obergiesing), Tel. 0160/1586853, www.zimtschneckenfabrik.de, E-Mail: info@zimtschneckenfabrik.de | **ÖPNV** Tram 16, 17, Bus 139, 144, 147, Haltestelle Chiemgaustraße | **Öffnungszeiten** Di–Fr 10–17 Uhr, Sa & So 14–17 Uhr

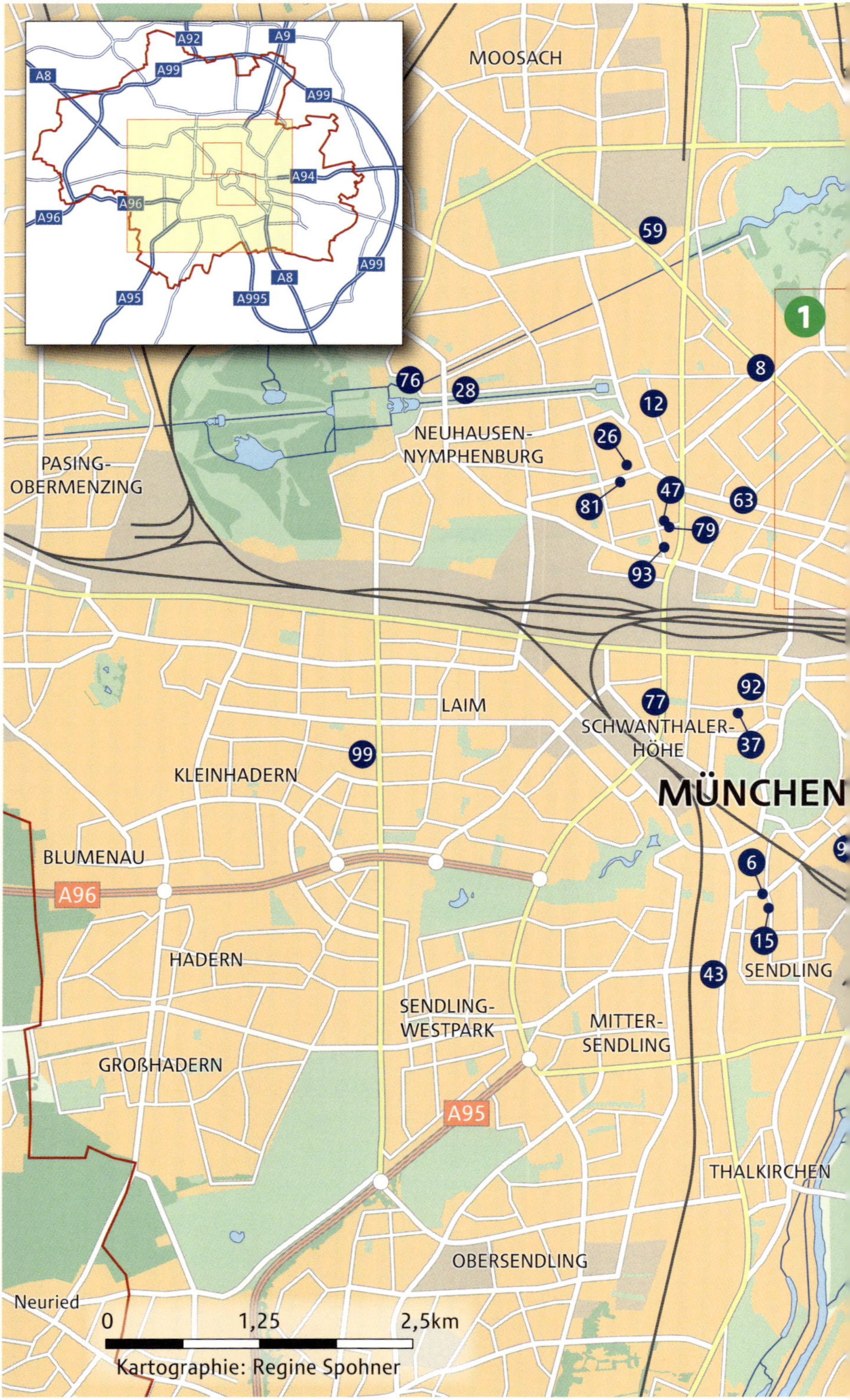

A92
A9
A8
A99
A99
A94
A96
A96
A99
A8
A95
A995
MOOSACH
59
1
8
76
28
12
NEUHAUSEN-
NYMPHENBURG
26
PASING-
OBERMENZING
47
63
81
79
93
92
77
LAIM
SCHWANTHALER-
HÖHE
37
99
KLEINHADERN
MÜNCHEN
BLUMENAU
6
A96
15
HADERN
43
SENDLING
SENDLING-
WESTPARK
MITTER-
SENDLING
GROßHADERN
A95
THALKIRCHEN
OBERSENDLING
Neuried
0
1,25
2,5km
Kartographie: Regine Spohner

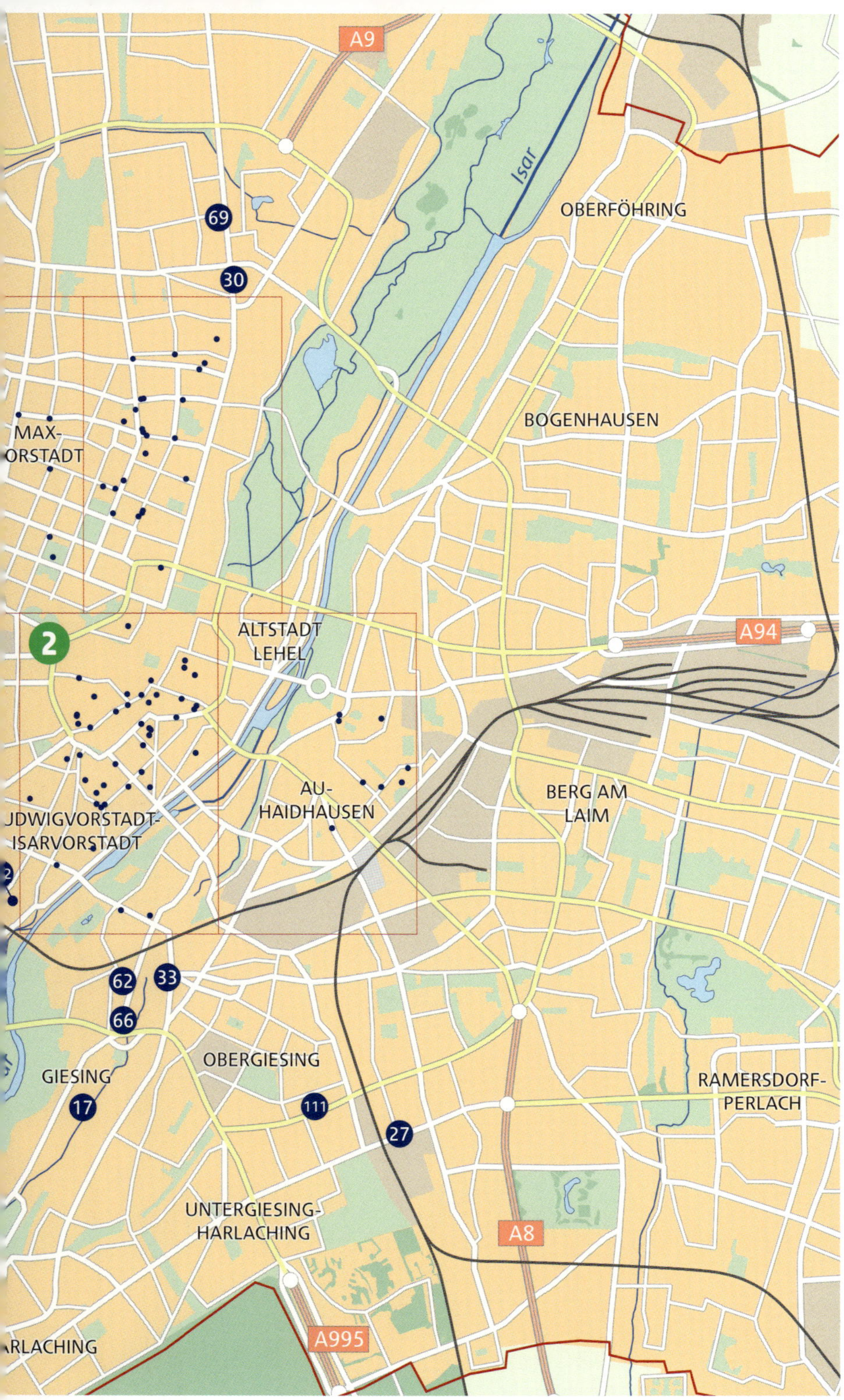

A9
Isar
OBERFÖHRING
69
30
BOGENHAUSEN
MAX-
ORSTADT
2
ALTSTADT
LEHEL
A94
AU-
HAIDHAUSEN
BERG AM
LAIM
JDWIGVORSTADT-
ISARVORSTADT
62
33
66
OBERGIESING
GIESING
RAMERSDORF-
PERLACH
17
111
27
UNTERGIESING-
HARLACHING
A8
A995
RLACHING

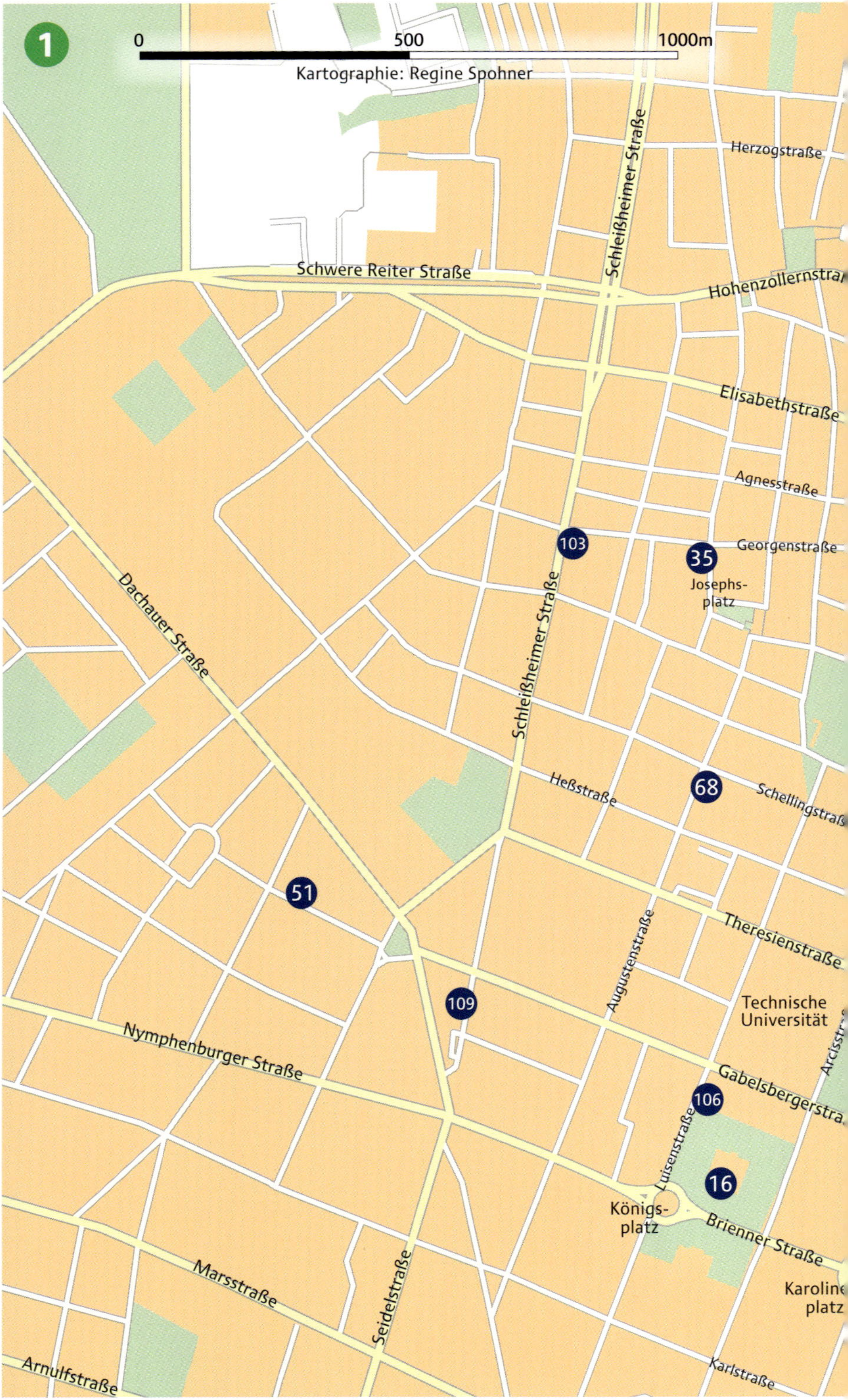
1
0
500
1000m
Kartographie: Regine Spohner
Herzogstraße
Schleißheimer Straße
Schwere Reiter Straße
Hohenzollernstra
Elisabethstraße
Agnesstraße
Georgenstraße
103
35
Josephs-
platz
Dachauer Straße
Schleißheimer Straße
Heßstraße
68
Schellingstra
51
Theresienstraße
Augustenstraße
109
Technische
Universität
Arcisstr
Nymphenburger Straße
Gabelsbergerstra
106
Luisenstraße
16
Königs-
platz
Brienner Straße
Karoline
platz
Marsstraße
Seidelstraße
Karlstraße
Arnulfstraße

Belgradstraße
Herzogstraße
Leopoldstraße
44
Münchner Freiheit
Kaiserstraße
13
65
96
Hohenzollernstraße
52
SCHWABING
Nordendstraße
72
9
Franz-Joseph-Straße
25
95
71
Elisabeth-platz
Leopoldstraße
Leopold-park
57
29
84
Georgenstraße
85
Königinstraße
Alter
rdlicher
riedhof
104
Siegestor
Chinesischer Turm
Barer Straße
Arcisstraße
Türkenstraße
5
48
Universität
20
55
Monopteros
108
54
70
94
Amalienstraße
Kaulbachstraße
ENGLISCHER GARTEN
Barer Straße
Pinako-theken
Ludwigstraße
Türkenstr.
MAXVORSTADT
Oskar-von-Miller-Ring
50
Von-der-Tann-Straße
Ludwigstraße
Haus der Kunst
Eisbach
Prinzregentenstraße
Hofgarten

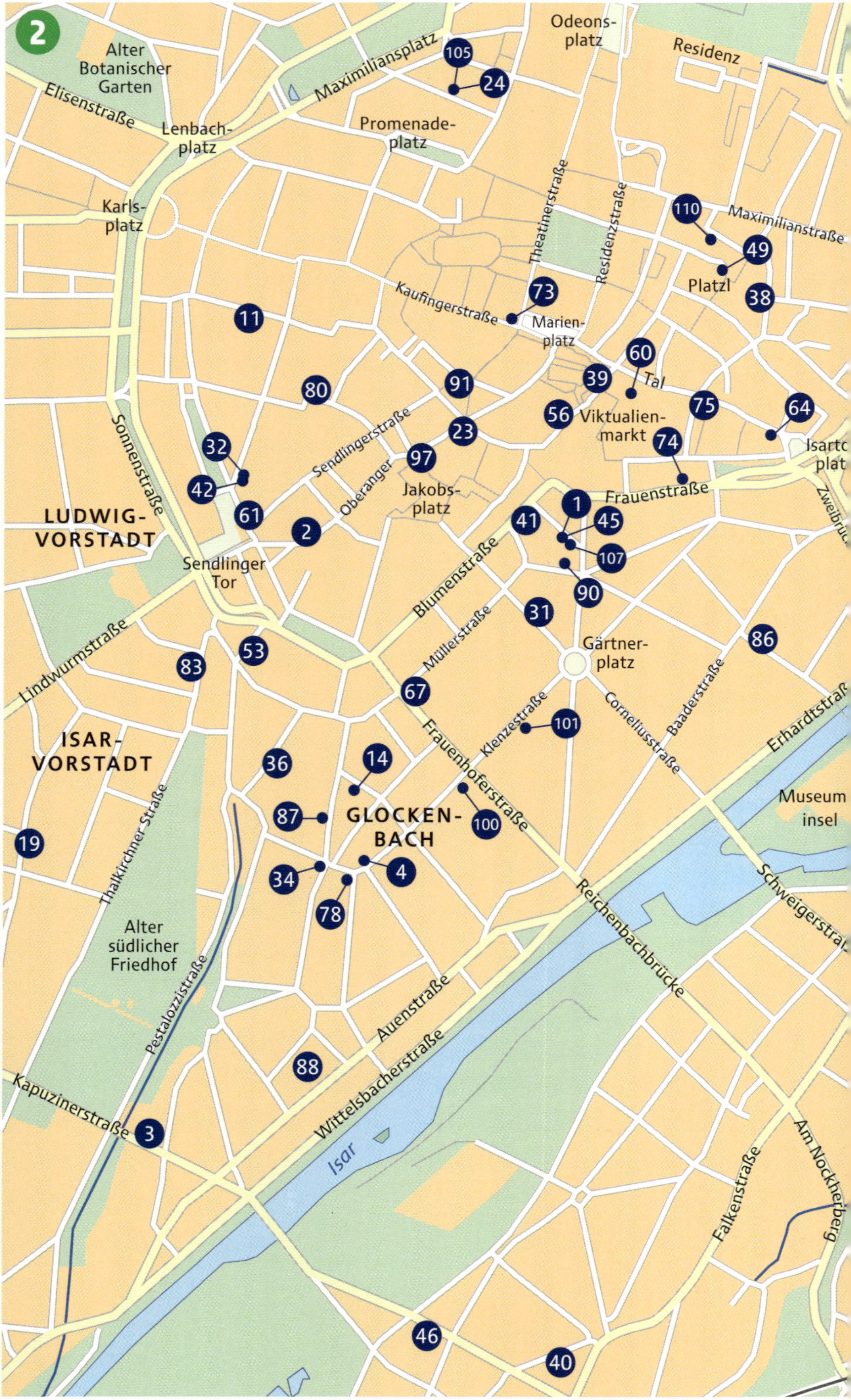
2
Alter Botanischer Garten
Elisenstraße
Maximiliansplatz
Odeonsplatz
Residenz
Lenbachplatz
Promenadeplatz
Karlsplatz
Theatinerstraße
Residenzstraße
Maximilianstraße
Platzl
Kaufingerstraße
Marienplatz
Tal
Viktualienmarkt
Sendlingerstraße
Oberanger
Jakobsplatz
Frauenstraße
Sonnenstraße
LUDWIG-VORSTADT
Sendlinger Tor
Blumenstraße
Müllerstraße
Gärtnerplatz
Lindwurmstraße
Klenzestraße
Corneliusstraße
Baaderstraße
Erhardtstraße
ISAR-VORSTADT
Frauenhoferstraße
GLOCKENBACH
Museum insel
Thalkirchner Straße
Reichenbachbrücke
Alter südlicher Friedhof
Pestalozzistraße
Auenstraße
Wittelsbacherstraße
Kapuzinerstraße
Isar
Am Nockherberg
Falkenstraße
105
24
110
49
38
73
11
60
39
75
64
80
91
56
74
23
32
97
42
61
2
1
41
45
107
90
31
86
53
83
67
101
36
14
87
100
19
34
4
78
88
3
46
40

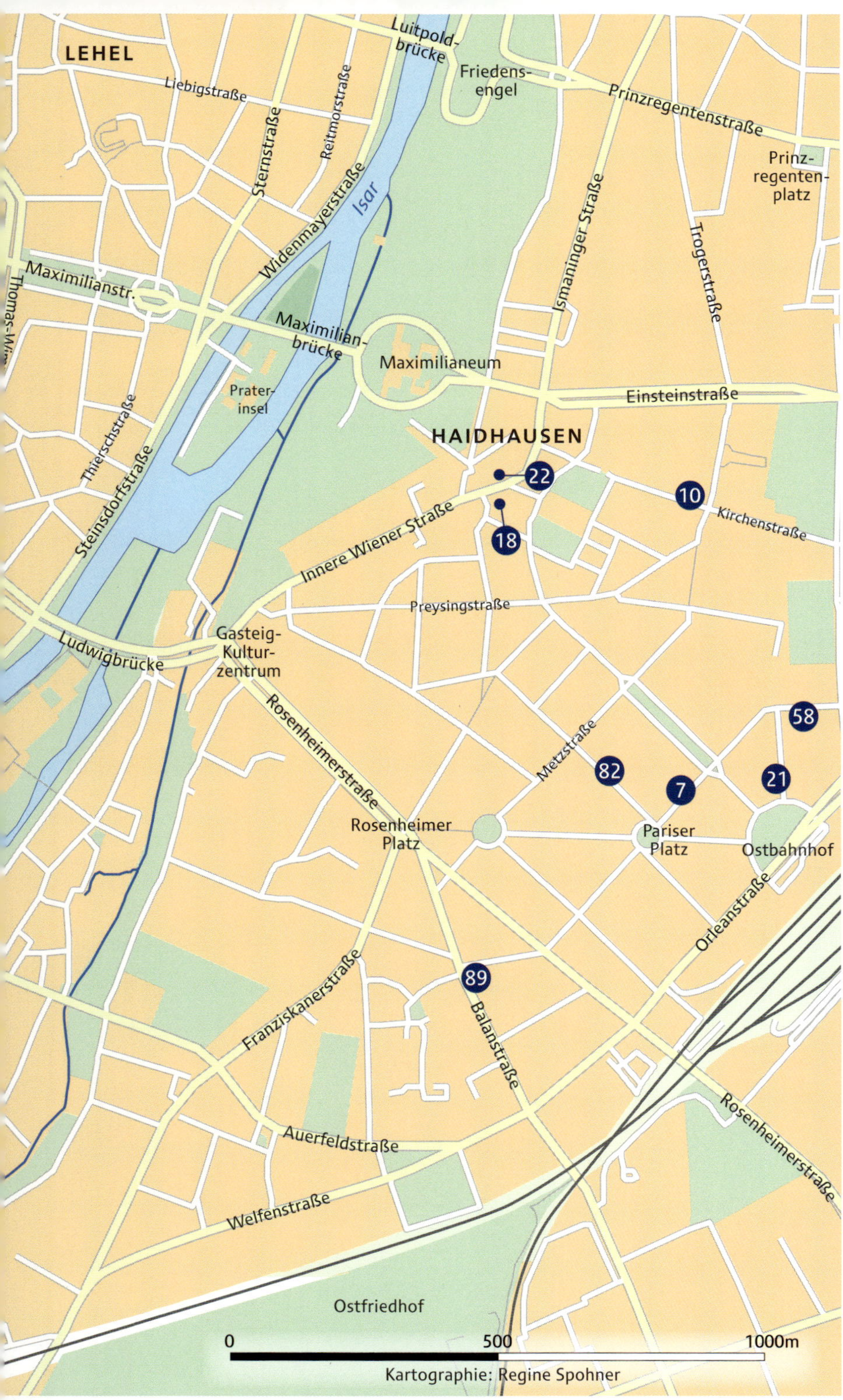
LEHEL
Liebigstraße
Sternstraße
Reitmorstraße
Luitpold-brücke
Friedens-engel
Prinzregentenstraße
Prinz-regenten-platz
Isar
Widenmayerstraße
Ismaninger Straße
Trogerstraße
Maximilianstr.
Thomas-Wim
Maximilian-brücke
Maximilianeum
Einsteinstraße
Prater-insel
Thierschstraße
Steinsdorfstraße
HAIDHAUSEN
22
10
Kirchenstraße
18
Innere Wiener Straße
Preysingstraße
Gasteig-Kultur-zentrum
Ludwigbrücke
Rosenheimerstraße
58
Metzstraße
82
7
21
Rosenheimer Platz
Pariser Platz
Ostbahnhof
Orleanstraße
89
Franziskanerstraße
Balanstraße
Rosenheimerstraße
Auerfeldstraße
Welfenstraße
Ostfriedhof
0
500
1000m
Kartographie: Regine Spohner

Rüdiger Liedtke
111 Orte auf Mallorca, die man gesehen haben muss
ISBN 978-3-89705-975-7

Susanne Thiel
111 Orte in Madrid, die man gesehen haben muss
ISBN 978-3-95451-118-1

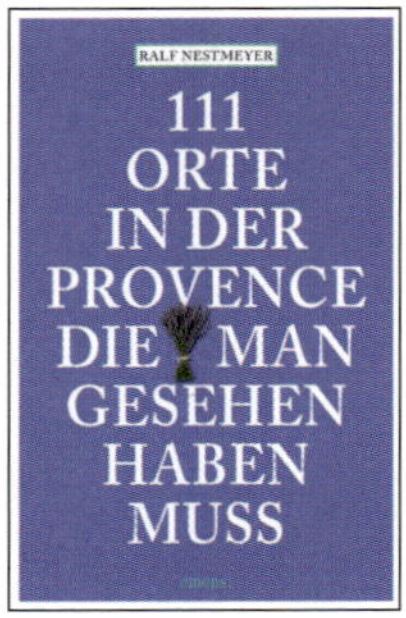

Ralf Nestmeyer
111 Orte in der Provence, die man gesehen haben muss
ISBN 978-3-95451-094-8

Peter Eickhoff
111 Orte in Wien, die man gesehen haben muss
ISBN 978-3-89705-969-6

Stefan Spath
111 Orte in Salzburg, die man gesehen haben muss
ISBN 978-3-95451-114-3

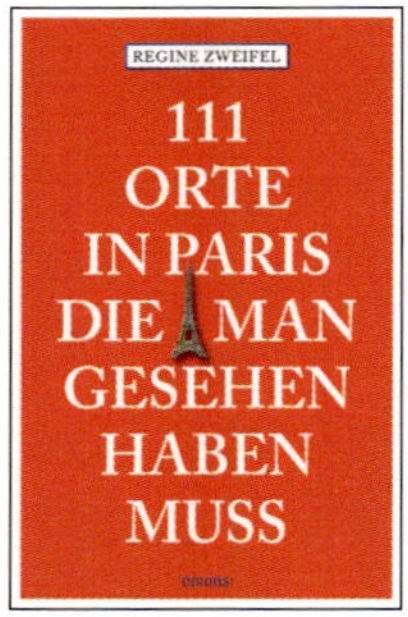

Regine Zweifel
111 Orte in Paris, die man gesehen haben muss
ISBN 978-3-89705-823-1

Dirk Engelhardt
111 in Barcelona, die man gesehen haben muss
ISBN 978-3-95451-066-5

John Sykes
111 Orte in London, die man gesehen haben muss
ISBN 978-3-95451-117-4

Lucia Jay von Seldeneck, Carolin Huder, Verena Eidel
111 Orte in Berlin, die man gesehen haben muss
ISBN 978-3-89705-853-8

Peter Eickhoff
111 Düsseldorfer Orte, die man gesehen haben muss
ISBN 978-3-89705-699-2

Fabian Pasalk
111 Orte im Ruhrgebiet, die man gesehen haben muss
ISBN 978-3-89705-814-9

Rüdiger Liedtke
111 Orte in München, die man gesehen haben muss
ISBN 978-3-89705-892-7

Gabriele Kalmbach
111 Orte in Dresden, die man gesehen haben muss
ISBN 978-3-89705-909-2

Oliver Schröter
111 Orte in Leipzig, die man gesehen haben muss
ISBN 978-3-89705-910-8

René Förder
111 Orte in Sachsen-Anhalt, die man gesehen haben muss
ISBN 978-3-89705-911-5

Rike Wolf
111 Orte in Hamburg, die man gesehen haben muss
ISBN 978-3-89705-916-0

Rüdiger Liedtke
111 Orte in München, die Geschichte erzählen
ISBN 978-3-95451-221-8

Bernd Imgrund
111 Kölner Orte, die man gesehen haben muss
Band 1
ISBN 978-3-89705-618-3

Bild- und Textnachweise

Alexandra Brücher-Huberova 13; 15; 17; 21; 23; 25; 27; 29; 31; 33; 35; 39; 41; 45; 47; 49; 51; 55; 59; 61; 65; 67; 69; 75; 77; 81; 85; 89; 91; 93; 95; 97; 101; 105; 107; 109; 111; 113; 115; 117; 123; 125; 129; 131; 145; 159; 173; 175; 183; 187; 193; 201; 203; 205; 211; 217; 225; 229; Andrea Gerum 102; 136; 158; 220; 194; Constanze Keutler 36; 37; 103;142; 170; 184; 208; Kerstin Stelter 11; 57; 71; 73; 121; 127; 139; 151; 153; 167; 177; 179; 181; 189; 191; 199; 207; 219; Apartment ... shop aroeund the world 19; Caffé Fausto 43; Curtis & Curtis 53; Antike Uhren Eder 57; Flowerbox 63; Goldvogerl 79; Heimatpunk & Luxusbaba (Daniel Reinemer) 83; Holzleute (Peter Neusser) 87; Jewelberry (Mirjam Fruscella) 99; Karusa 101; Kunstkammer Georg Laue München 119; Linkopfotia 133; Die Mercerie/Patrick Wittmann 135; Mike's Wiskeyhandel (Eberhard Strabel) 137; Moba Coffee (Ruth Kraemer) 141; Antiquitäten Muggenthaler 143; My Cosy Cottage 147; Parfümerie Brückner-Bublitz (Tanja Bublitz) 155; Patrik Muff (Nagib Khazaka) 157; Noh Nee Dirndl à l'Africaine 149; Porzellan Manufaktur Nymphenburg 161; Die Posamenten Manufaktur (Christoph Michel) 163; Post & Hess Maßschuhe (Ann-Sophie Wanninger) 165; Pralinenschule (Sabine Mader/Fotos mit Geschmack) 167; Raum für Herzensdinge & Ware Freude (Peter von Felbert) 171; Sigl Licht 185; Stilhaus/Orrefors 195; Suckfüll 197; Tushita (Karima Hellenkamp/Toni Sahm 209; Umwerk 213; Velocompany 215; Weinhandlung Fernando von Schirnding (1500Grad.de/Matthias Bunsen) 221; Wir machen Cupcakes 223; Yubi (Oliver Pausch) 227.

Die Autorin

Alexandra Brücher-Huberova wurde in Prag geboren, ist in München aufgewachsen. Dort studierte sie Germanistik, Slawistik und Psychologie. Sie arbeitete als freie Journalistin für den Hörfunk und drei Jahre lang für das Goethe-Institut in Peking. Seit der Ankunft ihrer kleinen Tochter ist sie als freie Seminarleiterin und Autorin tätig und lebt bei München.